**초등 완성
습관의 힘**

재능, IQ, 환경을 뛰어넘어 상위 1%로 향하는 비밀

초등
완성
습관의 힘

안상현 지음

빌리버튼 billybutton

학교생활에서
가장 중요한 한 가지

처음 학부모가 되었을 때 어떠셨나요? 아직은 어리기만 한 아이가 책가방을 메고 학교로 향하는 아이의 뒷모습을 보고 어떤 생각을 하셨나요? '학교에 잘 적응할 수 있을까?' '친구들과 잘 지낼 수 있을까?' 등 많은 생각을 하셨을 거예요. 학교에 입학시키면서, 아이의 학교생활에 가장 중요한 것이 무엇이라 생각하셨나요?

친구 관계, 올바른 인성 교육, 학업 · 성적, 좋은 습관 잡기 등등 학부모마다 중요시하는 부분이 다르겠지요. 이런 요소들 각각이 모두 중요하고, 무엇 하나 포기할 수 없는 것이 어른들의 마음이기도 할 겁니다. 저 또한 같은 마음입니다.

이런 고민을 가지고 매년 많은 학생들과 학부모님들을 만나오고, 다양한 이야기를 나누었습니다. 지금까지 만난 학생들과 부모님들이 하는 말은 결국 한 가지 바람으로 이어지고 있었습니다. 그것은 바로 학생의 학교생활이 행복해야 한다는 것이었습니다.

자녀가 학교 일과를 마치고 현관문을 열고 들어올 때, 아래 문장 중에서 어떤 말을 가장 듣고 싶은지 떠올려보세요.

1. "오늘 친구들과 싸우지 않고 잘 놀았어요."
2. "나 시험 100점 맞았어요."
3. "쉬는 시간에 도서실 가서 책 1권 읽었어요."
4. "오늘 학교에서 정말 재밌었어요. 얼른 또 가고 싶어요."

이번에는 문장을 반대로 한번 적어볼게요.

1. "오늘 친구랑 놀다가 싸웠어요."
2. "나 시험 너무 못 봤어요."
3. "쉬는 시간에 노느라 읽어야 할 책을 못 읽었어요."
4. "학교 너무 재미없어. 내일 학교가기 싫어요."

부모님의 마음이 덜컥 내려앉는 순간은 과연 어떤 상황인가요?

이 질문에 대한 답을 생각하면 학교생활에서 가장 중요한 것이 행복한 학교생활이라는 데 이견을 제시할 수 없을 것입니다. 그래야만 '가고 싶은 학교 또는 교실'로 이어질 수 있으니까요. 저 또한 이 한 가지를 최우선에 두고 교직생활에 임하고 있습니다. 그렇게 하니 교사도 학생들도 학부모님들도 모두 만족감이 높아지고, 학교에 오는 것을 즐거워했습니다.

학생들이 행복한 학교생활이 되려면 어떻게 해야 할까요? 어떤 부분에 신경을 써야 학교를 가고 싶어 할까요? 여기에 대한 답을 이 책에 써보려고 합니다. 마찬가지로 이와 반대로, 학생들이 학교생활이 행복하지 않은 이유들도 파악해보고, 최소한 이런 이유들을 없애주는 데 도움이 되고 싶습니다. 그러면 학교생활은 점점 나아지리라 생각합니다.

누가 할 수 있나요? 교사인 저와 학부모님들이 관심을 가지고 우리 학생과 자녀에게 신경을 써야 합니다.

어떻게요? 학부모님께서 학생과 학교(교사) 사이에서 연결고리가 되어주어야 합니다. '무엇'을 신경 써야 할지는 당연히 '학생마다'

다를 테니까요. 누군가는 친구 관계로 학교생활이 행복할 수도 있고, 불행할 수도 있습니다. 또 다른 누군가는 학업적인 부분에서의 자신감이 행복으로 이어질 것이고, 반대로 학습 결손으로 인해 행복하지 않을 수도 있습니다. 또 교사와 사이가 불편할 수도, 학부모님과의 관계에 어려움이 있을 수 있습니다. 이 외에도 학생들에게는 정말 다양한 고민거리와 걱정이 있을 겁니다. 이 책에서 전하는 내용을 바탕으로 학부모님께서 자녀와의 대화를 통해 이런 걱정과 고민들을 발견하고 신경써주시면 학생들이 행복한 학교생활을 할 수 있지 않을까요?

1장
초등학교 생활이
아이의 성장 과정에 가장 중요한 이유

2장
행복해지는 학교생활의 비밀
: 생활 태도

3장

행복해지는 학교생활의 비밀
: 친구 관계

4장
행복해지는 학교생활의 비밀
: 학업 태도

5장

행복해지는 학교생활의 비밀
: 부모의 태도

1장

초등학교 생활이
아이의 성장 과정에
가장 중요한 이유

학교생활이
행복해야 하는 이유

학교생활에서 가장 중요한 부분을 '행복한 학교생활'이라고 말씀드렸는데, 그 이유는 무엇일까요? 학생 입장에서만이 아니라 학부모 입장에서도 생각해보셨으면 좋겠습니다.

초등학교 1학년 담임을 하던 해, 3월 1주차에 있었던 일입니다.

매일 아침마다 학교 가기 싫다고 울던 학생이 있었습니다. 심지어 학교 복도에서조차 "교실에 들어가기 싫어." "엄마랑 함께 있고 싶어."라고 소리를 쳤습니다. 학교(교실)라는 낯선 환경과 처음 보는 친구들이 어색하고 엄마와 하루 종일 떨어져 지내야 한다는 생각에 두렵기도 하고 무서웠을 수도 있습니다. 울며 떼쓰는 자녀를 교실에 두고 가야 하는 학부모의 마음도 많이 힘들었을 겁니다. 아마 오후에 자녀를 만나기 전까지 온갖 걱정에 일이 제대로 손에 잡히지 않았을 테지요.

그럼 그 학생은 어땠을까요? 마찬가지로 책상에 엎드려 울고 슬퍼하다 보니 교실 활동에 참여하지 못하고 친구들과도 어울리지 못하는 상황으로 이어졌습니다. 다행히 일주일도 지나지 않아 친구 관계 수업 등 모든 생활에 적응하고 아침마다 웃으면서, 엄마와 동행하지 않고도 등교하는 학생이 되었습니다.

그러나 입학 초기의 이런 불안한 상태가 오래가면 고학년까지 재미없고 불행한 학교생활이 이어집니다. 학교 가기 싫은 마음에 지각과 결석 등으로 수업 시간에 제대로 참여하지 못하면서 학습 결손이 발생하고, 학습 결손으로 인해 다음 시간, 다음 학년으로 이어지는 수업 내용을 이해하기 어려워지죠. 쉬는 시간에도 학급 친구들과 어울리지 못하니 더 쓸쓸하고 외로워집니다.

학교생활이 행복해야 하는 이유가 떠올랐나요?

가장 단순하면서 명쾌한 답변은 '학교는 가정 다음으로 가장 오랜 시간 머무르는 장소이기 때문에 학생의 학교생활은 행복해야 한다.' 입니다. 모든 학생이 아침에 일어나 아침식사를 하고 학교로 갑니다. 그리고 수업 시간과 쉬는 시간, 급식 시간을 거쳐 오후가 되어서야 다시 집으로 돌아갑니다. 학년마다 하교 시간은 조금 다르지만, 조금 과장한다면 잠자는 시간을 제외하고는 하루의 1/2 가량을 학교에서 생활합니다. 이렇게 오래 머무르는 시간이 학생 입장에서 괴롭고 고통스러운 시간이라면 하루하루가 불행할 것입니다. 마찬가지로 자녀의 학교생활이 행복하지 않다면 학부모님도 매일매일 마음이 편치 않을 것이고요.

심지어 초등학교에 입학하는 순간부터 최소 10년 이상은 학교생활을 해야 합니다. 학교생활의 시작이 바로 '초등학교'이고, 그렇기에 이때 학생에게 인식되는 '학교'에 대한 이미지가 앞으로의 학교생활을 좌우할 만큼 중요합니다. 어른들도 마찬가지지만, 특히나 학생들은 자신이 관심 있거나 행복한 일을 할 때 더욱 집중합니다. 학교생활이 행복해야만 학교에서 이뤄지는 모든 활동(교육 활동을 비롯한 학교 행사, 수업 시간, 친구 관계 등)에 관심을 가지고, 긍정적으로 바라볼 가능성이 높습니다. 학교생활이 만족스럽고 행복한 학생들의 공통점을 살펴보면 대부분 친구 관계도 좋고, 수업에도 집중하고 스스로 해야 할 부분들을 찾아서 하는 경우가 많습니다.

초등학교 생활이 행복하지 않았다고 해서, 자연스럽게 중고등학교 생활이 행복하지 않다는 말은 아닙니다. 학생의 노력에 따라 교사와 학부모님의 관심에 따라 충분히 바뀔 수 있습니다. 그러나 큰 변화가 있지 않는 이상, 같은 장소(이사를 가지 않는다면)에 있는 이상은 주위의 환경(친구 관계, 학교 분위기, 성적)이 그대로 유지되는 경우가 많기 때문에 초등 시절부터 학교생활을 행복하게 보낸 학생들이 앞으로도 훨씬 더 적응도 빠르고, 꾸준히 행복한 학교생활을 할 수 있다는 말씀을 드리고 싶습니다.

행복한 학교생활을 위해서
필요한 것들

행복에 대한 정의는 사람마다 다르겠지만, 가장 일반적인 '만족과 즐거움을 느끼는 상태'라고 정의를 내리겠습니다. 즉 학교생활에 있어 행복이란 학교나 교실에서 불편하거나 괴로운 부분이 없고, 다양한 활동에 만족과 즐거움을 가지고 참여한다고 보면 어떨까요? 여기서 말하는 다양한 활동이란 앞서 생각하셨던 요소들이 됩니다. 생활 태도, 친구 관계, 학습 태도 및 학업 성취, 학부모와의 관계 등이 대표적인 영역이죠. 이 책에서는 다음 네 가지 영역에 대해서 풀어보겠습니다.

생활 태도

생활 태도는 결국 학교생활을 포함한 모든 생활의 기초가 됩니다. 구체적으로는 인사하기·경청하기·발표하기·정리하기·수업 시간·글씨 쓰기 및 글쓰기 등의 태도가 있습니다. 이런 생활 태도에서 어려움을 겪는 학생은 매번 잔소리를 듣거나 혼이 나면서 학교에 대한 스트레스에 시달리고 자존감이 떨어질 수 있습니다. 그렇기에 각 태도들이 왜 중요한지, 어떠한 모습을 지녀야 할지, 올바른 생활 태도가 학생들에게 어떤 도움이 되는지 등을 하나씩 습득하고, 습관이 되어야 합니다.

친구 관계

학교생활에서 친구 관계는 정말 중요합니다. 교실 생활 비중의 절반 이상은 친구 관계에서 비롯된다고 봐도 무방합니다. 수업 시간내 개인 활동을 제외하고는 혼자 이뤄지는 활동은 거의 없기 때문입니다. 쉬는 시간조차 온전히 혼자가 아니고, 학교 행사도 여럿이 함께하는 게 대부분입니다. 그렇기 때문에 친구 관계에서 편안함을 느끼지 못한다면, 교실 생활이 재미없고 지루할 수밖에 없습니다. 새 학기, 첫인상에서부터 친구에게 먼저 다가가는 법, 친구와 다투

었을 때의 대처 방안, 친구 관계에 있어서 사례별 특징, 감정을 다루는 법 등을 통해서 친구 관계에서 행복해질 수 있도록 부모님이 적극 도와야 합니다.

학습 태도

학교생활은 수업 시간과 쉬는 시간으로 구분이 가능합니다. 그중 수업 시간이 차지하는 비중이 훨씬 큽니다. 결국 수업 시간을 어떻게 보내는지가 학교생활에 지대한 영향을 끼칩니다. 학습 태도나 성적이 좋은 학생들은 적극적으로 수업에 참여하며 재미를 느끼게 되고, 학습 결손이 발생하거나 학습 태도가 잡히지 않은 학생들은 수업 시간을 지루하게 여깁니다. 어떤 학습 태도를 지니면 좋을지, 교과별로 어떻게 공부하면 좋을지 등을 학부모와 교사가 파악한다면 학생들의 수업 시간이 행복해질 수 있도록 도울 수 있습니다.

학부모의 자세

학교의 구성원은 학생, 교사, 그리고 학부모입니다. 특히나 학생들의 성장을 위해서는 교사와 학부모 모두의 노력이 필요합니다. 학교에서의 모습은 교사가 파악하지만, 가정에서의 모습은 부모님들이 가장 정확히 파악하고 있으니까요. 학생들이 어떤 어려움을 겪고 있는지, 그리고 신경써줘야 하는 부분이 무엇인지 등 자녀의 행복한 학교생활을 위해서 학부모님들이 참고할 만한 사항들을 정리해보았습니다.

즉, 학생들이 학교생활에서 행복하기 위해서는 위의 영역 중 어떤 부분에서 불편함을 겪고 있는지, 왜 힘들어하는지 등을 먼저 파악해야 합니다. 그 후에는 어떻게 도와주면 좋을지 생각하고 실천합니다.

학업과 인성 교육
그 사이에서

학업과 인성 교육, 무엇이 더 중요할까요? 잠시 생각할 시간을 드리 겠습니다. 어떤 것을 선택하셨나요? 그럼 선택을 하셨거나 아직 고 민하시는 분들을 위해 실제 교직 생활을 하면서 봐왔던 학생들의 사례를 말씀드리겠습니다.

> **A학생** : 수업 시간에 집중도 잘하고, 스스로 복습·예습도 철저 히 하여 시험(수행평가)을 볼 때마다 항상 100점을 받음. 각종 대회에서도 수상 경력이 많음. 그러나 주위 친구들이 어려운 내 용을 물어봤을 때 전혀 알려주지 않고 그로 인해 학급 학생들과

갈등이 잦음. 정작 본인은 그런 부분에 대해 신경쓰지 않음.

B학생 : 기본적인 예의와 매너가 습관으로 자리잡혀 있어 교사와 학생들에게 사랑을 받고 인기가 많음. 쉬는 시간에도 주변에 친구들이 많이 모이고 함께 놀고 싶어 함. 그러나 수업시간에 배우는 내용을 이해하지 못하여 집중이 어려우며 그로 인한 학습 결손이 많음. 본인은 그런 부분에 대해 전혀 신경쓰지 않음.

극단적이라고 생각하실 수도 있지만, 교실에서 흔히 발견되는 유형의 학생들입니다. 앞에서 학업과 인성 중에 선택을 하셨더라도 막상 사례의 학생 A, B를 보니 다시 흔들리지 않으신가요?

뜬금없지만 저는 양자택일을 좋아하지 않습니다. 교실에서도 이런 질문을 하고 나서 2가지 모두 정답이 아니라고 합니다. 그리고 다시 질문합니다. 학생들에게도 항상 더 좋은 발상과 열린 사고를 할 수 있도록 지도합니다.

그럼 다시 질문을 드리겠습니다.

학업과 인성 교육, 무엇이 더 중요할까요? 맞습니다. 학업과 인성, 인성과 학업 모두 우리 학생들에게 중요한 요소입니다. 물론 학년별로 더욱 중요시되는 요소의 비중이 다를 수 있고, 앞으로 중고등학교에 가게 된다면 또 달라질 수 있습니다.

그래도 저는 저학년(1, 2학년) 때는 인성 교육의 비중이 높았으면 합니다. 학년이 올라갈수록 학업의 비중이 높아지겠지만, 저학년 때 자리 잡힌 인성은 앞으로의 생활에 기본 바탕이 됩니다. '학교'라는 공간에 들어와서 선생님과의 만남, 또래 집단과의 만남, 관계 맺기 등은 학업보다는 인성과 밀접한 관련이 있습니다. 저학년 학생들은 친구들과 이야기하고 놀 때 상대방의 성격을 보지 성적을 보지 않기 때문입니다. 그러나 이 시기에도 학업을 놓쳐서는 안 됩니다. 자음·모음 등의 한글 교육과 수세기 등의 앞으로 접할 모든 교육의 3요소(읽고 쓰고 셈하기)를 배우는 시기입니다.

중학년(3, 4학년)으로 올라갈수록 학업의 비중을 '조금씩' 높여줄 필요가 있습니다. 새로운 과목(사회, 과학, 영어 등)이 등장하고 학습 양이 많아지면서 학생들도 조금씩 학습의 부담을 느낄 수 있기 때문입니다. 그러나 여기서 지나치게 학업의 비중을 높여서 선행학습으로까지 이어진다면 오히려 역효과를 불러일으킬 수도 있습니다. 자녀의 성향이나 학습 정도에 따라서 복습에 중점을 둘 것인지, 더 나아갈 것인지 등은 뒤에 학업 부분(학습 격차)을 참고하시면 될 것 같습니다.

고학년(5, 6학년)부터는 학업의 비중이 높아지지만, 인성적인 부분도 어느 정도 신경써줘야 합니다. 고학년 시기에는 수업 내용을 따라가기 힘들어하고, 심지어 포기하는 학생들이 일부 등장합니다. 그만큼 내용 자체에도 어려움을 느끼는 시기입니다. 고학년 때 이렇게 학습 내용 자체를 어렵게 느끼는 이유는 저학년·중학년 때 학습 결손이 있었기 때문입니다. 앞선 교육과정에서의 학습 결손이 없었다면 고학년이 되면 학습 비중을 늘려주시고, 전 학년까지 배운 내용에 자신 없어 하면 복습과 현행을 같이 실시해야 합니다. 일부 빠른 학생들은 중학교 공부까지 신경쓰다 보니 학습양이 대폭 늘어가면서 학업의 비중이 확 올라가는 시기입니다. 이런 학업 스트레스와 함께 사춘기가 찾아오면서 일부 학생들은 방황하게 되고, 학부모와의 갈등도 생깁니다. 학교에서는 친구들 간의 학교폭력 문제가 자주 발생하는 시기인 만큼 학업뿐 아니라 생활 측면으로도 다양하게 신경을 써야 합니다.

초등 시절의 습관이
중요한 이유

혹시 '1만 시간의 법칙'이라는 말을 들어보셨나요? 1993년도에 심리학자 앤더스 에릭슨의 논문에서 처음 등장한 개념으로, 어떤 분야의 전문가가 되려면 최소한 1만 시간의 정도 훈련이 있어야 한다는 법칙입니다. 비틀즈, 빌 게이츠, 김연아, 박지성 등 각 분야의 유명인을 분석하여 집필된 책들이 베스트셀러가 되며 1만 시간의 법칙 붐이 일어난 시기도 있었습니다. 1만 시간을 채우기 위해서는 특정 행동을 매일 3시간씩 반복할 경우 약 10년, 하루에 5시간씩 투자할 경우 약 6년이 걸립니다. 여기서 핵심은 '몇 년이 걸리느냐'가 아니라 '특정 행동을 얼마나 꾸준히 반복할 수 있는가?'입니다. 결국 이것이 '습관'으로 자리 잡히느냐, 도중에 멈추느냐가 되겠죠. 그렇기 때문에 초등학교 6년이라는 세월은 학생들의 습관 형성에 있어 가장 중요한 시기이고, 놓쳐서는 안 되는 기간입니다.

앞에서 학교생활의 행복을 위해 필요한 영역들에 대해 간단히 살펴보았습니다. 생활 태도, 친구 관계, 학습 태도, 학부모 태도 등 4개 영역 중에서 초등 시절에만 해당되는 것은 아무것도 없습니다. 4가지 영역 모두 초등학교뿐 아니라 중고등학교 생활에서도 강조되고 끊임없이 반복됩니다. 심지어 특정 부분들은 학교를 졸업하고 사회에 나가서도 적용됩니다. 그렇기 때문에 특히 초등학교 때 각 영역별로 제대로 된 습관이나 태도를 형성하는 것이 중요합니다. 이 시기에 자리 잡힌 습관이 평생을 좌우할 수 있기 때문입니다. 그러나 습관이란 결코 저절로 만들어지거나 자연스럽게 이뤄지지 않습니다. 동일한 행동을 일정 시간 동안 꾸준하게 반복해야만 어느 순간 습관으로 굳어지게 됩니다. 그리고 습관이 좋은 방향으로 갈 수도 있고, 안 좋은 방향(버릇)으로 갈 수도 있기 때문에 옆에서 학부모님도 교사도, 계속 신경을 써줘야 합니다. 그럼 각 영역별로 어떤 태도나 습관을 잡아주면 좋을지 살펴볼까요?

생활 태도

생활 태도는 사실 학교생활뿐만이 아니라 일상생활에서 갖춰야 하는 태도입니다. 조금 더 엄밀하게 말씀드리면, '갖춰야 하는' 보다는 '갖춰져 있어야 하는' 태도라는 표현이 정확할 수도 있습니다. 초등학생들의 기본 생활 태도는 이미 형성되어 있는 부분이 많습니다. 가정에서 비롯된 부분이 대부분이고, 어린이집이나 유치원에서 영향을 받은 부분도 있습니다. 식사하는 태도, 인사하는 태도, 말하고 듣는 태도 등은 이미 수년간 반복되어 습관으로 굳어진 행동들이기에 쉽게 바뀌지 않을 수도 있습니다. 이런 생활 태도는 겉으로 드러나는 부분이 크기 때문에, 초등학생 시절 이런 생활 태도가 올바른 방향으로 갈 수 있도록 신경써줘야 합니다.

친구 관계

초등학생들의 친구 관계를 확장시키면 결국 사람들 간의 관계, 인간관계로 이어집니다. 그렇기 때문에 이 시기 친구 관계를 맺는 방법, 자신의 감정을 다루는 법, 친구와의 갈등을 해결하는 방법 등에 대해 제대로 배우고 올바른 인식을 확립하는 것이 정말 중요합니다. 학교생활에서 친구 관계가 차지하는 비중이 절반 이상이라고 해도 과언이 아닐 수도 있습니다. 교실에 들어오는 순간부터 하교하는 시간까지 모든 활동, 매 시간마다 학급 친구들과 함께 지내게 됩니다. 그렇기에 친구 관계가 어긋나게 되면 학교생활이 재미없어지고, 하루하루 고민과 스트레스에 빠질 수 있습니다. 여기서 한발 더 나아가기 위해서는 친구와의 관계를 넘어서 담임선생님, 그리고 학교에 계신 선생님들과도 좋은 관계를 맺는다면 학교생활이 더욱 행복해지고 마음까지 편안해지리라 생각합니다.

학습 태도

'자기주도학습'이란 용어를 많이 들어보셨죠? 누군가의 개입 없이 학생 스스로 학습을 계획하고 실천하는 것을 말합니다. 한마디로 알아서 공부하는 학생인 거죠. 우리가 바라는 가장 이상적인 자녀의 모습이고, 학생들이 나아가야 할 방향입니다. 물론 일부는 중고등학생이 되어서 제대로 된 학습 습관을 이뤄가는 학생도 있을 테지만, 그 과정이 쉽지 않을 겁니다. 수년간(최소 6년 이상) 그렇게 지내오지 않았던 습관을 한순간에 바꾸는 것이 절대 쉬운 일이 아닐 테니까요. 4장에서는 자기주도학습을 위하여 신경써주셔야 하는 학습 태도, 학습 습관, 그리고 각 교과별 학습법에 대해서 살펴보고 필요한 부분을 적용해봅니다.

자존감과 자신감을 높이는
가장 확실한 방법

교직 생활을 하면서 가끔 무기력한 학생들을 마주하게 됩니다. 예를 들어, 교실에서 다함께 도전 활동을 해보거나 체육 시간에 새로운 게임을 시도하려고 하면 "저는 못 해요." "저는 안 하고 구경만 하면 안 되나요?"라고 말하는 학생들이 있습니다. 신체활동뿐 아니라 교과 수업 시간에 조금만 어려운 문제가 나와도 "저는 못 풀어요. 어려워요." 같은 말을 합니다. 수업 도중에 이런 말을 들으면 정말 속상하고 안타깝습니다. 교사 입장에서는 학생들이 문제든 신체활동이든 충분히 해낼 수 있다고 판단하는데, 일부 학생들은 도전할 그럴 마음 자체가 전혀 없는 경우도 있습니다.

교육학에서는 이를 '학습된 무기력'이라고 표현합니다. 극복할 수 없는 환경에 반복적으로 노출된 경험으로 인하여 실제 자신의 능력으로 충분히 극복할 수 있음에도 불구하고 스스로 그러한 상황에서 자포자기하는 상태입니다. 즉, 어린 시절 또는 저학년 시절부터 몇 번 실수와 실패를 반복하다가 이를 극복하지 못하여 '역시 나는 못 해…'라는 마음이 생긴다면, 학년이 올라가도 여전히 무기력한 마음이 이어질 확률이 높습니다. 위와 같은 유형의 학생들의 대부분이 자존감과 자신감이 낮은 경우가 많습니다. 초등학생 시절부터 자존감이 낮아진다면 그 이후의 학교생활은 정말 불행해질 수 있습니다.

어떻게 하면 자존감과 자신감을 높일 수 있을까요?

첫째, 학생 스스로 선택할 수 있는 기회를 많이 제공해주세요. 실제 학생들 중에는 선택을 잘 못하는 학생들이 있습니다. 아주 쉬운 결정조차도요. 학생들과 상담을 하다 보면 어린 시절부터 본인이 직접 선택한 경험이 없는 친구들이 많았습니다. 항상 어른들이 선택한 대로 따라가기만 하고 자신의 선택권이 없었기 때문에 막상 자신이 선택해야 하는 경우 당황하고 두려워합니다. 가정에서 대화를 나눌 때 자녀의 의견을 충분히 물어보고 들어주세요. 정말 사소한 것도 자녀에겐 큰 힘으로 다가옵니다. 식사 전에 반찬 정하기, 여행 장소 정하기, 읽고 싶은 책 선정, 풀고 싶은 문제집 선택 등 자신이 선택했다는 사실과, 나아가 그 의견이 받아들여졌을 때 자연스럽게 자존감은 올라가게 됩니다.

둘째, 성취감, 성공의 경험을 계속 맛보게 해주세요. 학습된 무기력도 결국 반복된 실패 경험으로 인해 생기는 현상입니다. 이는 주위 어른들의 잘못일 가능성도 많습니다. 어른들의 욕심으로 인해 자녀의 수준을 넘어서는 활동이나 문제를 제시하였기 때문에 학생들은 그를 극복하지 못하고 주저앉게 되는 것입니다. 생활 측면에서든 학업 측면에서는 조심해야 하는 부분입니다. 자녀들이 충분히 해낼 수 있는 수준의 활동이나 문제 등을 제공함으로써 학생들의 자존감과 자신감을 올려줄 수 있습니다. 그리고 자녀가 해당 수준에 익숙해졌다 싶을 때, 그 수준에서 딱 한 단계 높은 +1의 활동과 문제를 제시해주어야 합니다. 학생들도 풀 수 있을 듯하면서도 살짝 어려운 활동을 접했을 때 '이 정도는 내가 도전할 수 있겠어.'라는 마음을 가지고 도전하게 되고, 이를 성공하였을 때 성취감을 느끼고 자존감이 올라갈 수 있습니다.

셋째, 칭찬보다 좋은 말은 없습니다. 저도 마찬가지지만, 어른들은 칭찬에는 인색하고 잔소리에는 관대한 편입니다. 자녀들이 잘하는 부분을 당연하게 받아들여서 칭찬을 잘 하지 않는 반면, 실수하거나 잘못한 부분을 혼내는 것은 익숙합니다. 그러나 학생들마다 잘하는 부분이 있는 것이 결코 당연한 것이 아닙니다. 학부모님들도 자녀가 특정 활동에 장점을 보이거나 잘하는 점이 보이면 마음속으로 뿌듯하고 기특하시잖아요? 그런 마음을 표현해야 합니다. 표현하지 않으면 상대방은 절대 알 수 없습니다.

아직 칭찬이 익숙하지 않다면 먼저 앞서 말씀드린 2가지 부분에서만이라도 칭찬을 연습해주세요. 1. 자녀가 스스로 선택하거나 자신의 의사를 표현할 때, 2. 무엇인가에 도전하고 또 성공하였을 때만큼은 듬뿍 칭찬해주세요.

칭찬은 같은 행동을 반복하게 하는 힘이 있습니다. 칭찬을 들은 자녀들은 다른 활동에도 도전하게 되고 이런 과정들을 통해 자존감과 자신감이 차곡차곡 쌓이게 됩니다.

신체 건강 못지않게
중요한 정신 건강

입학 시절, 부모님의 손을 꼭 붙잡고 마냥 어리기만 하던 아이는 졸업할 때가 되면 상상도 못할 정도로 많이 달라져 있을 것입니다. 외형상 키만 봐도, 부모님의 허리 정도까지밖에 오지 않던 110~120cm의 학생들이 150~160cm까지 무럭무럭 자라면서 부모님의 어깨, 심지어 그 이상 성장하는 기간입니다. 키뿐 아니라 머리부터 발끝까지 많은 변화가 있습니다. 시력에 따라 안경의 유무가 달라지고, 몸무게도 달라지고, 성별에 따른 2차 성징이 나타나는 것도 모두 초등학교 생활 도중에 발생합니다. 그러나 학생들은 자신의 건강에 대해서 별로 걱정하지 않습니다. 아니 건강에 대한 생각 자체를 하지 않는다는 것이 더 적합한 표현입니다.

　지칠 줄 모르는 체력과 위험한 상황에도 도전에 가까운 성향을 보이고, 자신의 몸을 사리지 않는 학생들도 종종 있습니다. 다쳐도 금방 회복되는 나이기는 하지만 사후 조치보다는 예방과 관리가 중요합니다. 학생들이 자신의 건강에 대해 생각하지 않는 만큼 학부모님들이 대신 신경을 써주시고 건강 관리에 대한 교육을 해주시기 바랍니다. 편식하지 않고 골고루 먹기, 식사 이후엔 양치하기, 규칙적인 운동을 통한 관리 등 기본적인 건강 측면은 학교에서도 교육을 하겠지만, 학교와 가정 양쪽에서 일관성 있게 지도되어야 더욱 큰 효과가 있으니까요. 학기 중에 바쁘면 방학 중에라도 정기적으로 병원 진료를 받고 학생 스스로도 자신의 신체적 건강을 관리할 수 있도록 신경써주세요. 뒤에 소개할 행복한 학교생활을 위한 모든 영역들 또한 학생이 건강해야만 가능합니다.

　뿐만 아니라 초등학교 6년은 정신적으로도 많은 변화가 일어나는 엄청난 시간입니다. 마냥 어리기만 하던, 부모님 말이면 무조건 다 맞는 줄만 알던 아이가 부모님께 대들기도 하고 의견 조율을 하는 시기가 찾아와 부모님은 충격을 받을 수도 있습니다. 그러나 이 시기의 아이들은 아직 신체적인 변화만큼 정신적 변화가 따라오지는 않는다는 것을 기억해주시기 바랍니다. 물론 저학년에 비하면 성숙해지고 철이 들고 있는 부분이 보이겠지만, 아직은 어린 학생들입니다. 학업 경쟁으로 인한 스트레스와 압박, 친구 관계에서의 갈등 등을 혼자서 해결하지 못하고, 마음속으로 앓는 학생들도 많습니다. 성향에 따라 겉으로 드러나는 아이도 있을 것이고, 먼저 표현하는 친구도 있을 거예요. 그러나 티를 내지 않고, 자신의 상황에 대해 먼저 말을 꺼내지 않는 학생들이 더 많은 정신적인 고통이 있을 수도 있습니다. 자녀와 꾸준한 대화를 나누고 긴밀한 관계를 유지하면서 정신적 건강까지 챙겨준다면 학교생활에서도 큰 힘이 될 것입니다.

2장

행복해지는
학교생활의 비밀
: 생활 태도

태도는 결국 모든 생활의 기초가 됩니다

행복한 학교생활을 위한 비밀, 첫 번째로 바로 '생활 태도'를 꼽겠습니다. '생활 태도'란 사람이 일정한 환경에서 활동하며 살아가는 태도, 또는 조직에서 그 구성원으로 활동하는 태도를 뜻합니다. 즉 학교생활 태도는 학교에서 학생들이 갖춰야 할 태도입니다.

그렇다면 왜 태도가 모든 생활의 기초라고 하는 걸까요? 학생이어떤 자세를 지니고 있는지, 무슨 마음으로 학교생활을 하고 있는지가 태도를 통해 드러나기 때문입니다. 일반적으로 수업 태도가 좋은 학생들이 성적이 좋고, 생활 태도가 바른 학생들이 친구들 사이에서좋은 관계를 유지하는 경우가 많습니다. 그러다 보니 자연스럽게 수업 시간에는 수업 및 학습 태도가 중요하고, 책을 읽을 때는 독서 태도가 강조됩니다. 각 영역을 포함하는 것이 바로 생활 태도입니다.

마찬가지로 교사들은 물론이고 어른들도, 심지어 학생들 스스로도 상대에 대한 판단이나 생각을 할 때 가장 큰 영향을 끼치는 것도 태도입니다. '저 친구는 인사를 정말 잘해.' '예의가 바르고 생활 태도가 잘 잡혀있구나.'라는 생각을 하지, 처음 보는 상대가 공부를 잘 하는지, 학업이 뛰어난지에 대한 판단을 하지 않습니다. 특히 초등학생 시절에는 중고등학생에 비해 성적이나 학업보다는 인성과 생활 측면이 더 강조됩니다.

자연히 태도가 좋은 학생들이 교사나 어른들의 칭찬을 많이 받게 되고, 이런 보상은 학생들로 하여금 자존감과 자신감을 높이는 결과로 이어집니다. 이는 자연스럽게 본인의 생활 태도를 강화하는 계기가 되고, 습관으로 자리 잡힐 가능성이 높습니다. 초등학교 시절, 생활 태도만 제대로 습관을 잡아도 이후 사춘기를 지나 입시 준비를 할 때까지 큰 걱정은 하지 않아도 될 정도입니다. 학생 스스로 어떤 행동이 좋고 나쁘고를 판단할 수 있을 테니까요.

조금 더 구체적으로 교실 안의 모습으로 들어가볼까요? 태도와 성적으로만 4가지 유형의 학생들이 있다고 가정해보겠습니다.

	성적 O	성적 X
태도 O	태도도 좋고, 성적도 좋은 A	태도는 좋지만, 성적이 별로인 B
태도 X	태도는 나쁘지만, 성적은 좋은 C	태도도, 성적도 나쁜 D

군이 순서를 정하자면 자녀가 어떤 학생이 되었으면 하나요? 아마 A, D는 쉽게 정하시겠지만 B, C 학생에서는 고민이 될 거예요. 고학년이 될수록 성적도 중요한 요소 중 하나가 되니까요. 앞에서 살짝 언급을 드렸는데 기억나시나요? 태도가 좋은 학생들은 결국 그에 맞게 제자리를 찾아갈 가능성이 높다고 말했습니다. B 학생은 올바른 태도를 지니고 있기에 조금만 더 노력한다면, 또는 시간이 지날수록 자연스럽게 성적도 좋아질 수밖에 없습니다. 그러나 C학생의 경우, 태도가 좋지 않아도 성적이 잘 나오기 때문에 태도에 대한 고민을 크게 하지 않을 겁니다. 결국 바르지 못한 태도는 그대로 굳어지게 되고, 이후 성적에도 영향을 미치게 됩니다.

그렇다면 학생들이 학교나 교실이라는 환경에서는 어떤 태도를 지녀야 할까요? 정말 기본적인 태도들입니다. 대표적으로 인사부터 의사소통, 수업 태도 정말 다양합니다. 어떤 태도가 중요한지, 왜 중요한지 살펴보도록 하겠습니다.

인사는 표현의
시작입니다

자녀들이 학교가기 전 또는 식사를 하기 전에 무엇이라 말을 하나요? "학교 다녀오겠습니다." "잘 먹겠습니다."라는 인사를 자연스럽게 하는 편인가요? 처음에는 부모님이 지도를 해주셨겠지만, 그 이후로 스스로 꾸준히 이어가고 있다면 정말 멋진 학생입니다.

마찬가지로 교사들은 인사하는 태도가 습관으로 잡힌 학생을 보면 정말 기특해하고 대견해합니다. 그렇기 때문에 저도 학생들에게 '인사'를 강조합니다. 여러 생활 태도 중에서 가장 기본이 인사라고 생각하고, 간단한 인사만 제대로 실천해도 학교생활이 훨씬 수월해집니다.

그런 면에서 학교에서 생활할 때 꼭 필요한 문장 3가지를 소개합니다. 굉장히 간단한 말이지만, 의외로 이 말을 하지 않는 학생들이 너무나도 많습니다. 다음과 같은 3가지 인사만 제대로 말한다면, 앞으로의 학교생활뿐 아니라 인성 교육에 대해서도 걱정할 필요가 전혀 없을 거라 확신합니다. 학부모님들도 이 내용을 보시고 나서, 자녀들이 이런 말을 사용하는지 가정에서 관찰하신 후에 함께 사용해보세요.

Top3. "고마워" 또는 "감사합니다"

이런 간단만 말도 못하는 사람이 어디 있냐고요? 엉터리로 알려주는 거 아니냐고 하실 수도 있지만, 생각보다 고마운 마음을 표현하는 학생은 흔치 않습니다. 그렇다고 대부분의 학생들이 고마운 마음을 전혀 느끼지 못하는 것도 아니고, 상대의 행동을 당연하게 받아들이는 것도 아닙니다. 단지 고마운 마음을 가슴 한구석에 묻어두고, 표현을 하지 않는 것뿐이죠. 그렇기에 더 안타까운 마음입니다.

아무리 사소한 것이라도 고마움을 표현하는 것이 좋습니다. 예를 들어, 짝이나 학급 친구가 물건을 빌려주거나 떨어진 물건을 주워줬을 때 자녀들은 어떻게 반응하나요? 친구들의 행동은 당연한 것이 아닙니다. 고마운 표현을 함으로써, 상대방은 이런 생각을 합니다.

'와, 이 친구는 고마운 마음을 표현해주는 친구네. 앞으로도 착한 일을 계속 해야겠다.' 반대로 이런 행동을 당연하게 받아들이고 아무런 표현을 하지 않으면, '에휴, 고마운 줄도 모르나?'란 생각에 점점 도와줄 일이 줄어들겠죠?

마찬가지로 선생님들도 교사이기 전에 사람이고 어른입니다. 담임선생님께서 학생들과 즐겁게 놀이 활동을 준비하거나 간식 등을 나눠줄 때가 있을 거예요. 혹시 당연한 것이라고 생각하더라도 "감사합니다."라는 한마디면 앞으로 그 선생님은 더더욱 학생들을 생각하게 됩니다. 그런 의미에서 지금 책을 보면서 함께 말해보겠습니다. "고마워." "고맙습니다."

Top2. "미안해" 또는 "죄송합니다"

학교생활에 꼭 필요한 두 번째 말은 바로 "미안해." 미안한 마음을 표현하는 문장입니다. 교실에서 "고마워."라는 말보다 오히려 더 듣기 힘든 말입니다. 저는 꼭 필요한 상황에서 이 세 글자를 상대에게 하는 것만으로도 불필요한 다툼이 사라질 수 있다고 생각합니다. 심지어 학교폭력조차도요.

예를 들어, A, B 두 학생이 장난을 치다가 점점 장난이 심해지고 싸움 직전으로 갑니다. 가벼운 대화 중에도 기분이 꽤 나빠지는 경우도 많습니다. 이때 A가 기분이 나쁘다고 표현하면, 상대 친구 B의 반응은 이렇습니다. "네가 먼저 그랬잖아." "너도 지난번에 그랬어."

이처럼 학생들은 "미안해."라는 말을 쉽게 꺼내지 않습니다. 갈등 상황에서 멈출 수 있는 타이밍이 많음에도 불구하고, 이 말을 하지 않고 끝까지 가는 경우가 있습니다. 친한 친구 사이에서는 오히려 더 빈번하게 발생합니다. '친하니까 이해해줄 거야.' '나도 지난번에 그랬으니까….'가 아니라 친할수록 더욱 미안하다고 표현을 해야 합니다.

학생들이 무엇인가 잘못을 하여 선생님께 혼나야 하는 상황일 때도 마찬가지입니다. 교사들은 단순히 학생을 꾸짖거나 눈물 쏙 빼게 만들려고 혼을 내는 것이 아닙니다. 학생 스스로 자신의 잘못을 깨닫고, 반성하고 발전하도록 하는 것이 목적입니다. 저도 학생이 무엇을 반성하고 있는지 정확히 말한다면 그걸로 끝입니다. 그러나 종종 학생들이 선생님께 혼나는 상황에서 "선생님, 사실 제가 그러려고 그런 것이 아니라…" 변명을 하기 바쁩니다. 이런 태도보다는 "제가 이러저런 것을 잘못하여 친구가 기분이 나빴던 것 같습니다."라고 자신의 잘못을 인정하고 서로의 감정을 이해하려는 모습이 훨씬 더 보기 좋고 관계 회복에서도 올바른 태도라고 생각합니다. 다같이 한번 말해볼까요? "미안해!"

Top1. "안녕!" 또는 "안녕하세요"

"안녕하세요."는 정말 간단하면서도 기본적인 인사이지요. 간단한 문장일수록 그만큼 중요하다는 뜻입니다.

교실 풍경을 살펴보겠습니다. 등교 시간 교실에 들어오는 학생들을 보면 서로 인사를 거의 하지 않습니다. 짝이나 몇몇 친한 친구한테는 반갑게 인사를 하지만, 생각만큼 학급 친구들이 들어올 때마다 인사를 하지는 않습니다. 독서중이거나 무언가 집중하고 있어서 등 여러 사정이 있겠지만, 하루의 첫 시작으로 문을 열고 들어오는 친구에게 반갑게 인사를 해주는 것만큼 상대를 기쁘게 하는 행동도 없습니다. 자녀에게 한번 물어보세요. 등교하면 먼저 인사를 해주는 친구가 누구인지, 그런 학생이 있는지 등을 말이죠. 혹시 그런 친구가 없다면 바로 여러분의 자녀가 친구들에게 항상 인사를 하는 그 학생이 되면 좋겠습니다.

잘 듣는 자세가
필요합니다

자녀들이 부모님 말씀을 잘 듣는 편인가요? 반대로 부모님은 자녀의 말에 집중하고 귀 기울여주고 있으신가요? 학교생활, 특히 교실생활뿐 아니라 가정, 자녀와의 관계에서도 경청하는 태도는 정말 중요합니다. 소통과 대화는 최소 2명 이상의 사람이 만나 대화를 주고받는 과정이기 때문에 말하는 사람 외에 듣는 사람도 필요합니다. 그리고 말하는 것보다 듣는 것이 훨씬 더 어렵다는 것을 몸소 경험해보셨을 겁니다. 그만큼 듣는 태도, 경청하는 태도는 많은 연습을 통해서 이룰 수 있습니다.

그럼 단순하게 잘 들을 수 있도록 가르쳐주면 될까요? 그렇지 않습니다. 교실 안에서 친구들 간에 이뤄지는 대화 상황을 살펴봅니다. 본인이 학생 A라고 생각하고 대화를 이어나가면 됩니다.

상황 1

학생 A : 내가 정말 너무나 큰 고민이 있어. 무슨 일이 있었냐면…

학생 B : (듣고는 있지만 다른 일에 집중)

(생략)

학생 A : 내가 너무 화가 나서…!!! 아, 어디까지 얘기했더라?

학생 B : ???

상황 2

학생 A : 내가 정말 너무나 큰 고민이 있어. 무슨 일이 있었냐면…

학생 B : 아, 진짜 고민이었겠다.

(생략)

학생 A : 내가 너무 화가 나서…!!! 아, 어디까지 얘기했더라?

학생 B : 듣는 내가 더 화가 난다!! OO까지 얘기했어.

앞으로 누구와 대화를 나누고 싶으신가요? 상황 1에서 학생 B는 그냥 '듣고만' 있습니다. 상대가 무슨 말을 하는지, 어떤 감정 상태인지 전혀 신경 쓰지 않은 채로 귀만 열어뒀습니다. 당연히 상대가 자신의 말에 집중하지 않는다는 것을 학생 A는 대화를 하다가 금방 눈치를 채게 됩니다. 반대로 상황 2에서의 학생 B는 상대가 하는 말과 행동, 표정까지 신경을 쓰면서 상대의 상황과 감정에 공감해주며 경청을 하고 있습니다. 이런 태도를 '적극적 경청'이라고 합니다. 신기하게도 어린 학생들이라도 적극적 경청의 태도를 지닌 학생들과 이야기하길 원하고, 이런 태도를 지닌 학생들은 여러 친구들과 어울릴 수 있습니다.

경청하는 태도는 결국 습관으로 이어집니다. 어릴 적부터, 초등학교 저학년 때부터 상대방의 말에 집중하지 않고 흘려듣거나 또는 자신이 하고 싶은 말만 하는 학생들은 친구 관계에서 문제가 발생할 가능성이 높습니다. 이는 고학년이 갈수록 더욱 심각해질 수밖에 없습니다.

경청하는 태도가 친구 관계에만 한정되지 않는다는 점이 더 큰 문제입니다. 경청하는 태도는 결국 수업 시간이나, 가정에서 학부모가 교육을 할 때도 영향을 미칩니다. 왜 그럴까요? 경청하는 태도를 지니지 못한 학생들은 상대의 생각보다 자신의 생각이 더 중요하기 때문입니다. 그러다 보니 교사가 무슨 내용을 수업하는지, 어떤 의도로 이런 설명을 하는지 집중하여 듣기보다 자신이 듣고 싶은 내용만 듣고, 수업 흐름과 관계 없이 뜬금없는 소리를 하게 되는 것이죠.

경청하는 태도는 어떻게 기를 수 있을까요? 듣기가 이뤄지는 시점부터, 또는 지금부터라도 제대로 듣는 방법, 상대의 말에 집중하는 태도를 보여줘야 합니다. 누가요? 가정에서는 바로 부모님들만이 하실 수 있습니다. 자녀들의 많은 습관 및 태도들은 가정에서부터 비롯되는 부분이 많습니다. 평상시 가정에서 부부간의 대화, 부모-자녀와의 대화가 이루어지는 동안 상대가 말을 할 때는 눈을 마주치며 집중하는 모습, 상대가 묻는 바에 대하여 정확하게 대답하는 모습 등을 보여주고 나서, 자녀들도 이를 함께할 수 있도록 지도하면 좋겠습니다. 자녀에게 가장 좋은 롤 모델은 바로 부모님입니다.

손 들고 발표하기까지,
용기가 필요한 순간

교사 : 오늘 배운 내용에 대해서 발표해볼 학생 있으면 손 들

어주세요!

학생 : (정적)

학생 : (일부 몇 명의 학생들만 손을 슬며시 든다.)

현재 초등학교 교실의 실제 모습입니다. 저학년보다는 고학년으로
올라갈수록 손을 들어 발표하는 학생들이 급격하게 줄어듭니다. 여
러 사람 앞에서 자신의 의견을 말하는 일은 생각만큼 쉽지 않습니
다. 사실 우리 어른들도 이런 상황에 처하면 긴장하거나 상황을 피

하고 싶어 하는데, 어린 아이들이 발표를 부담스러워하는 것은 자연스러운 현상일 수도 있습니다.

질문이 어려울 수도 있고, 쑥스러움이 많아서, 틀릴까봐 등등 정말 다양한 이유가 존재합니다. 그러나 학교 현장에서는 시험과 같은 지필평가보다 수행평가처럼 학생들이 직접 발표하고 실천하는 수업의 비중이 늘어나고 있습니다.

그렇기 때문에 자녀의 발표에 대해 많은 부모들이 고민하고, 실제로 학부모상담에서 가장 많이 하는 걱정 중 한 가지가 '발표'입니다. 학생들의 발표 유형은 어떤지, 발표하는 태도가 학생의 수업 시간에 어떤 영향을 미치는지, 좋은 발표 태도를 잡아주기 위해서는 어떤 부분을 신경써주면 좋을지 알아보겠습니다.

교실에서 발표하는 유형은 간단하게 나누면 2가지입니다. 발표하는 학생과 발표를 하지 않는 학생, 여기서 자발적이냐, 비자발적이냐로 조금 더 세부적으로 분류할 수 있습니다.

	자발적	비자발적
발표하는 학생	유형 A	유형 B
발표하지 않는 학생	유형 C	유형 D

유형 A : 교사의 질문에 손을 들며 적극적으로 발표하기를 원
하는 학생

유형 B : 적극적으로 발표하진 않지만, 자기 차례나 지목을 받
으면 잘 발표하는 학생

유형 C : 스스로 발표하기를 원하지 않는 학생

※ 답을 알면서 발표를 하지 않는 학생과 정답을 몰라서 발표
하지 않는 학생 구분 가능

유형 D : 정답을 모르기에 교사의 질문에도 발표를 할 수 없는
학생

대부분 유형 A나 B 정도의 태도를 바랄 것입니다.

학생들의 발표 태도가 수업 시간과 학업에 관련이 있을까요? 일
정 부분 영향을 미친다고 생각합니다. 발표는 교사가 학생들에게 질
문을 통해 그 질문에 대한 답을 학생 스스로 생각할 수 있도록 하는
과정입니다. 자연스럽게 수업 시간에 배운 내용이나 이전 시간에 배
운 내용 확인 및 복습 차원에서 질문을 하고, 학생들은 발표를 하는
것이죠.

그럼 적극적으로 손을 들며 발표하려는 학생들은 어떤 특징이 있
을까요? 대부분은 이전까지 배운 내용도 알고, 오늘 배운 내용도 정
확히 알고 있는 학생입니다. 교사들도 발표를 하는 학생, 또는 적극

적으로 손을 드는 학생, 손을 들지 않는 학생 등을 파악하면서 수업을 이어나가거나 내용 복습을 하게 됩니다.

"선생님, 정답을 모르거나 잘못된 대답으로 발표할 수도 있지 않나요?"라고 물을 수도 있습니다. 맞습니다! 그래서 더욱 발표가 중요한 의미가 있는 것입니다. 예를 들어 잘못된 정답을 생각하고 있는 학생이 발표를 하지 않고 넘어간다면 어떨까요? 잘못된 개념(오개념)이 머릿속에 자리 잡습니다. 그러나 자신의 생각을 발표하는 순간, 교사가 그 부분을 인지하여 정확한 개념이 정립될 수 있도록 신경써줄 수 있습니다. 그래서 많은 사람들이 맞든 틀리든 자신의 생각을 말하는 것이 중요하다고 하는 것이죠.

교사들이 흔히 말하는 학년별 특징들이 있습니다. 1, 2학년들은 알든 모르든 적극적으로 손을 들어 발표를 하고, 3, 4학년은 아는 친구들만 손을 들고, 5, 6학년들은 알아도 손을 들지 않는다고 합니다. 물론 개별 학생들마다 차이는 있지만, 학년 전반적인 분위기라고 생각하면 됩니다. 3, 4학년 때는 학습 내용이 많아지고 어려워지면서 학습 결손 부분이 발표에 영향을 미치는 것이고, 5, 6학년에서는 학습 결손 부분에 추가적으로 '굳이?'라는 생각까지 포함이 됩니다. 사춘기에 접어드는 시기이기도 하고 주위 친구들의 시선과 눈치도 신경 쓰게 되면서 발표를 많이 하지 않게 됩니다. 3~6학년 학생들 중에서 유형 A의 학생들은 대부분 학습 결손이 없고, 자신감 있는 학생들이 많습니다. 학습과 발표가 이렇게 연관이 깊고, 선순환이 될수록 좋은 영향을 미친다고 봅니다.

자연스럽게 발표하는 태도를 갖출 수 있는 방안을 2가지 관점으로 정리했습니다. 저학년은 발표 경험이나 성취감 등의 성격적인 측면을, 고학년은 성적이나 학습 결손 부분을 신경써줘야 합니다.

1, 2학년들은 대부분 발표하고 싶어 하는데, 몇몇 학생들은 발표를 하지 않는 학생들도 있습니다. 학부모님들도 이런 경우를 가장 많이 걱정합니다. "주위 친구들은 모두 손을 다 드는데, 왜 우리 애만 발표하지 않는 걸까요?" 이전까지 많은 사람들 앞에서 발표를 해본 경험이나 성취감을 맛본 적이 없을 수도 있고, 낯선 환경에서 부끄럽고 민망할 수도 있습니다. 저학년 시기에, 그리고 가능하다면 그 이전부터 가정에서부터 충분히 발표의 기회를 주어야 합니다. 발표라기보다는 자신의 의견을 말할 수 있는 경험이 쌓여야만 초등학교 입학 이후에도 꾸준히 이어나갈 수 있기 때문입니다. 가족끼리 나가서 식사를 할 때 어떤 메뉴가 먹고 싶은지, 놀러갈 때 어디로 가고 싶은지 등 간단하지만 일상에서 자주 의견을 나누는 것이 중요합니다. 학생들 입장에서는 자신이 의견을 말하는 경험을 쌓고, 또한 자신의 생각이 받아들여질 때의 성취감이 앞으로 발표할 때의

자신감으로 이어집니다.

3~6학년들은 위의 경험과 함께 학습적인 측면도 신경써줘야 자신감으로 이어질 수 있습니다. 3~6학년들도 기본적으로 발표를 하고 싶어 합니다. 그러나 1, 2학년과는 달리 주위 학생들의 눈치를 살피며 시선을 느끼는 시기입니다. 그렇기 때문에 저학년 때처럼 틀린 답이라도 자신이 알고 있는 것을 당당하게 말할 수는 없습니다. 정답이 틀렸을 때의 부끄럽고 민망한 기분을 견딜 수 없기 때문에 차라리 발표하는 것을 포기해버립니다. 그러다 보니 수업 시간에 적극적으로 참여하기가 어려워지고, 자신이 잘못 알고 있는 개념(오개념)을 고칠 수 있는 기회를 놓치는 것입니다. 반면 학습 결손이 없는 학생들은 당당하게 발표를 할 수 있고, 자신의 정답이 맞았다면 자신감으로까지 이어져서 지속적으로 발표를 하게 됩니다. 학업 관련된 내용들은 뒤에 학습 태도에서 자세히 다루겠습니다.

수업 시간과 쉬는 시간이
다르다는 마음가짐

학생들이 학교에서 지내는 시간 중에 가장 많은 비중을 차지하는 것이 '수업 시간'입니다. 단순하게 수업 시간 40분, 쉬는 시간 10분이라고 가정한다면 대략 80% 정도의 비율입니다. 점심시간을 포함하면 조금 줄어들겠지만, 학생들이 학교에서 지내는 시간의 절반 이상이 수업 시간이라는 뜻입니다. 뒤의 학습 태도(4장)에서 수업 시간 전·중·후에 가져야 할 학습 습관에 대해 상세히 안내가 나오므로, 여기에서는 태도나 마음가짐 등에 대하여 언급하겠습니다.

우선은 학생들이 '수업 시간은 쉬는 시간과 다르다'라는 마음가짐을 가져야 합니다. 당연한 말이지만, 수업 시간과 쉬는 시간을 동일한 마음가짐으로 임하는 학생들이 있습니다. 수업 시간 태도를 쉬는 시간에도 유지하는 것도 어색할 수도 있지만, 반대로 쉬는 시간의 태도를 수업 시간에도 보이는 행동은 정말 안타깝고, 기본적인 태도가 갖춰져 있지 않다고 볼 수도 있습니다.

그럼 수업 시간에는 어떤 태도나 마음가짐을 지녀야 할까요? 선생님께 정말 중요한 내용(학습 목표, 수업 내용 등)을 '배운다'라는 생각을 해야 합니다. 이 생각을 기본적으로 가지고 있어야 수업 시간에 다른 행동을 하지 않고, 선생님 말씀에 귀 기울이며 집중하는 자세를 갖출 수 있습니다. 그동안 수업 시간에 학생들을 관찰해본 결과 수업 시간에 집중하는 학생과 그렇지 않은 학생들의 특성을 발견했습니다.

수업 시간	유형1	유형2
집중하는 학생	공부 정말 잘하는 학생 (학생 A)	평균 성적의 학생 (학생 B)
집중하지 않는 학생	애매하게 공부 잘하는 학생 (학생 C)	학습 결손이 많은 학생 (학생 D)

설명을 위해 학생 이름을 붙여보았습니다. 지금 현재 성적순으로 나열한다면 A > C > B > D 로 정리할 수 있습니다. 그러나 시간이 지

날수록 어떻게 변하게 될까요? 점점 A ≧ B > C ≧ D 이렇게 바뀌게 될 가능성이 높고, 실제로 이런 사례를 많이 봤습니다. 학생 C의 유형은 이미 사교육을 통해 본인이 알고 있다고 생각해서 수업 시간에 집중하지 않습니다. 선생님이 앞에서 말을 해도 '아~ 지겨워. 난 이미 다 알고 있는데.'라며 제대로 참여하지 않습니다. 기본적으로 수업 시간에 배운다고 생각하지 않고 단순하게 가만히 앉아서 시간을 보내고 있는 것입니다. 학생 D의 경우는 이미 학습 결손이 많기 때문에 선생님 말에 집중하지 않기보다는 집중할 수가 없다는 것이 더 정확한 표현입니다.

즉, 수업 시간에 어떤 마음가짐으로 참여하느냐는 앞으로 학생의 학습 수준을 더 끌어올리느냐, 아니면 떨어지느냐를 구별할 수 있는 정확한 기준입니다.

수업 시간에는 선생님 말씀 외에도 개인 발표, 모둠 활동, 실험 등 등의 다양한 수업 방식이 있습니다. 이런 활동에도 참여하는 학생이 있고, 방관하는 학생이 있습니다. 앞에서 말씀드린 대로 수업 시간에 하는 활동은 의미있는 활동이고, 배운다는 마음이 있는 학생들은 적극적으로 참여하며 하나라도 더 깨닫고 배워갈 수 있습니다. 그러나 특히 모둠 활동이나 실험을 할 때, '내가 안 해도 우리 모둠원들이 해줄 거야.'라고 마음먹는 학생들은 해당 수업뿐 아니라 앞으로의 수업에서도 점점 힘들어지고, 학습 결손으로 인해 학교생활이 재미없어질 가능성이 높습니다.

학생들이 쉬는 시간, 점심시간에 한없이 열심히 놀다가도, 수업 시간이 되면 차분한 마음을 가지고 새로운 마음가짐으로 임하는 연습을 하면 좋겠습니다. 한발 더 나아가서 쉬는 시간이 끝나기 1~2분 전이라도 책상에 앉아 마음을 가라앉히고, 수업 시간의 마음가짐을 준비하는 것도 좋은 방안입니다. 수업 시간 태도, 즉 선생님 말씀에 집중하고, 수업자료(PPT, 영상)에서 새로운 내용도 찾아보고, 모둠 활동이나 개인 정리 시간에도 적극 참여하는 태도 등이 행복한 학교생활로 이어지게 해주니까요.

정리하는 습관
만들기

학생들이 다양한 활동을 하고 나서 그 이후에 어떤 행동을 하는지를 보면 학생들의 성향이나 특성을 일부 알 수 있습니다. 예를 들어, 쉬는 시간에 친구들과 함께 교실 물품을 사용하며 놀거나 모둠 활동을 할 때 실험 도구를 사용한다고 가정해보겠습니다. 활동이 끝나면 아이들이 어떻게 행동할까요? 아마도 '사용한 학생 모두가 정리하겠지.'라고 생각할 겁니다. 그러나 정리하는 태도가 자리 잡힌 학생들이 많지 않습니다. 학생들 중 일부는 자발적으로 물품을 정리하는 반면, 또 누군가는 자신과 관련 없는 일이라고 생각하기 때문입니다.

정리하는 태도가 어떤 영역에서 드러나는지, 그리고 학교생활에 어떤 영향을 미치는지, 또 어떻게 하면 정리하는 태도를 기를 수 있는지 등을 살펴보겠습니다.

흔히 정리라고 하면 물품 정리 또는 청소만 생각하는 경우가 많습니다. 집 정리, 교실 정리 등에서 자주 사용되니까요. 이 글을 읽으시는 분들은 정리를 크게 2가지로 생각하면 좋겠습니다. 첫째는 위의 내용처럼 생활 측면에서의 정리, 두 번째는 학습 측면에서의 정리입니다.

먼저, 생활 측면에서의 정리하는 태도입니다. 대표적인 교실에서의 정리는 자기 책상 및 서랍 정리, 사물함 정리, 주변 환경 정리 등등이 되겠죠? 보통 1, 2학년의 저학년 학생들에게는 교사들이 책상 정리하는 방법부터 사물함 및 청소하는 방법까지 하나씩 구체적으로 지도합니다. 그렇기 때문에 저학년 교실보다는 고학년 교실일수록 정리하는 태도가 겉으로 확 구분되는 경우가 많습니다. 교사들도 학생들이 고학년으로 올라갈수록 따로 시간을 내어 지도하지는 않기 때문입니다.

그렇다면 학교에서 다같이 배우기도 하고 생활에 있어 기본적인 태도인데, 왜 학생들마다 차이가 발생할까요? 이런 부분은 아마 어릴 적부터 정리하는 태도가 기본 습관으로 잡힌 학생과 그렇지 않은 학생일 가능성이 높습니다. 어릴 때 가정에서 자기 물건 정리하기, 본인 책상과 방 정리하기 등의 간단한 집안일이나 자녀와 직접적으로 관련 있는 것들은 스스로 할 수 있도록 지도하는 게 중요합니다. 자녀가 해야 할 일을 계속 부모가 대신 해주는 것은 자녀를 도와주는 것이 아니라 오히려 방해하는 행동이 될 수 있습니다. 학교에 와서도 주위 친구나 교사에게 의지하는 마음이 생길 수밖에 없으니까요. 결국 정리하는 태도는 책임감으로 이어지는 중요한 자세입니다.

그리고 이러한 태도는 겉으로 바로 드러나기 때문에 학급 친구들의 인식에도 영향을 주게 됩니다. 앞의 예를 다시 보겠습니다. 다 같이 놀고 정리하는 상황에서 누군가는 정리를 하지 않는다고 생각해보세요. 같은 반 학생들의 입장에서 이런 학생(정리하지 않는 학생)을 보면 어떤 생각이 들까요? 처음 한두 번은 이해해주려고도 하고, 꾹 참기도 하겠지만 결국은 쌓이고 갈등이 생기게 됩니다. 다음번에 같이 놀고 싶은 마음이 사라질 수도 있고, 친하게 지내고 싶은 마음이 없어질 수도 있습니다. 이런 기본적인 태도가 친구 관계에서도 미묘하게 영향을 끼치게 됩니다.

두 번째, 학습에서도 정리가 필요합니다. 정리라는 단어 자체의 사전적 의미는 흐트러져 있는 것들을 질서 있는 상태로 바꾸는 것입니다. 학교에서 배운 내용을 수업 시간 이후에 본인 스스로 정리 해보는 태도도 중요합니다. 배운 내용을 정말 알고 있는 것인지, 애 매한 것은 무엇인지, 몰랐던 것은 무엇이었는지를 파악하기 위해 스 스로 '정리'해야 합니다. 이 정리하는 태도가 결국 자기주도학습이 되고, 올바른 학습 습관으로 이어집니다.

글씨를
바르게 씁니다

자녀의 글씨 때문에 고민이시죠? 담임선생님이 자녀의 비뚤배뚤한 글씨를 보면 무슨 생각을 할지 걱정인 분들도 계실 겁니다. 이와 관련하여 글씨 잘 쓰는 학생들이 공부도 잘하는지, 글씨를 바르게 쓰는 태도와 학교생활에는 어떤 관련이 있는지 교실 현장의 모습을 통해 말씀드릴게요. 이어서 글씨를 바르게 쓰는 태도를 어떻게 지도하면 좋을지도 알아보겠습니다.

학생들의 글씨 유형은 정말 천차만별입니다. 저는 글씨를 바르게 쓰는 태도를 중요하게 생각하는 편이라 1학년 학생부터 6학년 학생들 모두에게 똑같이 적용을 했습니다. 그리고 '글씨를 못 쓰는 학생은 없다'라는 결론을 내렸습니다. 다만 '쓰기 귀찮아하는 학생'과 '정성스럽게 쓰는 학생'으로 구분될 뿐이었습니다. 그리고 이를 중간에 제대로 잡아주지 않으면 습관으로 굳어서 오랜 시간 악필로 이어질 수 있습니다. 물론 아직 손근육이 덜 발달하여 잡거나 누르는 힘이 약한 학생들은 제외니 큰 걱정은 하지 않으셔도 괜찮습니다.

그렇다면 과연 글씨를 잘 쓰는 학생이 공부도 잘할까요? 교실에서 공부 잘하는 학생들과 글씨를 정성껏 쓰는 학생들을 살펴본 결과, 꼭 그렇지는 않다고 느꼈습니다. 그러나 2가지 공통된 특징을 발견하였습니다.

첫째, 학업에 자신 있는 학생들은 대부분 글씨를 정성스럽게 쓰려고 노력하고, 자연스럽게 노트 필기나 정리 등이 굉장히 깔끔한 편이었습니다. 노트든 정리든 글씨가 깔끔해야 다음번에 다시 볼 마음이 듭니다. 그러나 날려 쓰고, 비뚤배뚤 쓰면 본인도 못 알아보기 때문에 복습으로 이어질 수가 없습니다. 반대로 글씨체가 예쁘고 노트 필기나 정리를 좋아하는 학생이 모두 공부를 잘하는 것은 아니지만 그런 학생들은 앞으로 잘하게 될 가능성이 높다고 응원하는 편입니다.

둘째, 무엇보다 글씨를 보면, 학생의 마음가짐의 차이를 발견할 수 있었습니다. 마음가짐을 어떻게 하느냐에 따라 학교생활에도 영향을 미치게 됩니다. 어떤 자세로 학교생활을 하고, 어떤 마음가짐으로 숙제를 하는지가 글씨를 통해 드러나기 때문입니다. 학생이 글씨를 성의 있게 썼는지, 대충 썼는지 교사들은 사실 한눈에 알 수 있습니다. 일기나 독서록을 쓰든, 수행평가를 하든 겉으로 가장 먼저 드러나는 부분은 글씨입니다. 교사를 포함하여 대부분의 어른들은 글씨에 민감한 편입니다. 주변 친구들도 마찬가지입니다. 글씨에 정성이 보이면, 먼저 칭찬이 시작됩니다. 칭찬은 결국 다음번에도 정성껏 쓰게 하고, 또 칭찬으로 이어집니다. 이는 글쓰기 관련 활동뿐 아니라 무슨 일을 하더라도 정성껏 해야 하고, 차분하게 해야겠다는 마음가짐을 강화시킬 수 있습니다.

사실 초등 저학년 시절에는 이 부분의 차이가 크게 느껴지지 않을 수도 있습니다. '점차 나아지겠지'라고 막연히 생각하고 그대로 두면 나쁜 습관이 굳어집니다. 고학년이 될수록, 중고등학교로 올라갈수록 노트 정리나 서술형 문항, 논술 등을 포함하여 '쓰기' 관련 활동이 점차 늘어나고 비중이 커집니다. 글씨를 대충 쓰는 학생, 날려 쓰는 학생들은 쓰기 활동이 나올 때마다 귀찮고 하기 싫어질 수밖에 없습니다. 지금까지 글을 쓸 때마다 칭찬보다는 잔소리와 안 좋은 소리만 들었을 테니까요. 물론 악필이지만 글쓰기를 잘하고 공부를 잘하는 학생들도 있을 겁니다. 다만, 저는 글씨체가 예쁘고 못나

고를 떠나서 정성스럽게 쓰느냐, 대충 쓰느냐로만 말씀드리고 있으니 참고하셨으면 좋겠습니다.

그럼 글씨를 바르게 쓰려면 어떻게 지도해야 할까요? 반복된 연습과 마음가짐을 새롭게 잡는 방법밖에는 없습니다.

첫째, 제대로 된 글자 쓰는 방법을 아는지 모르는지를 파악해주세요. 본인은 정말 성의 있게 썼다고 말하는데, 학부모님이나 다른 사람이 봤을 때는 그렇지 않은 경우가 있을 겁니다. 그렇다면 잔소리를 참으시고, 마음 편안하게 글씨 쓰는 방법을 잊은 것이라고 생각해주세요. 초등학교 1학년 쓰기 시작 단계로 돌아가서 네모 칸에 맞게 글씨 쓰는 방법을 알려주면 됩니다. 본인이 이것을 연습하기 싫다면 성의껏 쓰게 될 겁니다.

그런데 방법을 아는데도 불구하고, 글씨를 대충 쓰는 학생들도 많습니다. 아마 대다수가 여기에 해당될 겁니다. 고민하실 필요 없습니다.

둘째, 그냥 다시 쓰게 하면 됩니다. 이것을 안타까워해서 봐주면 학생의 글씨는 결국 제자리에 머뭅니다. 꼼꼼히 몇 번 반복하면 학생들 입장에서는 '내가 다시 쓰기 귀찮아서라도 처음에 제대로 쓴다.'라고 마음먹게 됩니다. 갑자기 다시 쓰라고 하면 학생이나 자녀가 불만을 가질 수 있으니, 쓰기 전에 미리 약속을 해주세요.

셋째, 통과받기 위해서, 남에게 칭찬받기 위해서 잘 쓴다는 마음에서 점점 벗어나서 본인 스스로 만족해야 한다는 마음가짐을 지닐 수 있게 도와주세요. 학부모님들도 가정에서 종종 글씨를 바르게 쓰는 모습을 자녀들에게 노출시키면 '우리 엄마가 뭐하나~'라며 궁금해하면서 본인도 따라서 연습하리라 생각합니다.

글 쓰는 이유를
이해해야 해요

글쓰기 활동을 싫어하는 학생들이 많습니다. 글자 쓰는 것도 싫은
데, 새로운 글을 작문하고 창작하라니, 도대체 글쓰기를 왜 하는지
모르겠다는 학생들도 많습니다. 주위 어른들도 글쓰기(일기, 독서록)
를 하라고 시키기만 할 뿐, 학생들에게 일기를 왜 써야 하는지, 독서
록을 쓰면 좋은 점이 무엇인지 등을 이해시켜주지 않았습니다. 앞서
소개한 다양한 태도들도 학생들이 필요성을 느끼면 자연스럽게 실
천하는 것처럼, 글쓰기 활동도 왜 해야 하는지 이유를 알면 학생들
도 그 목적에 맞게 참여하리라고 생각합니다. 여기서는 일기와 독서
록을 왜 써야 하는지, 그리고 쓰면 좋은 점에 대해서 말씀드리겠습

니다. 자녀들에게 꼭 알려주시고 이해시켜주시기 바랍니다.

일기 쓰기

자녀들이 일기 쓰기를 좋아하는 편인가요? 아니면 학교 숙제라서 마지못해 쓰고 있나요? 학년이 올라갈수록 일기에 대한 학생들의 의견이 나뉘게 됩니다. '일기 왜 써요?' '사생활 침해 아닌가요?'라는 말을 하며 일기에 반대하는 학생들이 많아집니다. 그리고 매년 써왔기 때문에 그냥 그러려니 여기거나 담임선생님 숙제니까 단순하게 받아들이는 학생들도 있습니다. 일기에 대한 논란은 종종 발생하고는 합니다.

초등학교에서 일기 쓰기는 담임의 재량입니다. 그래서 매년 담임선생님의 교육 방법에 따라서 일기 쓰기의 횟수가 달라졌을 겁니다. 저는 일기 쓰기가 도움이 되는 부분이 많다고 생각하는 입장입니다. 그래서 교사의 입장에서 왜 일기를 써야 하는지, 그리고 특히 어떤 학생들이 써야 하는지에 대해 말씀드리려고 합니다.

일기를 써야 하는 이유는 크게 2가지라고 생각합니다. 하나는 '글쓰기 지도' 목적이고, 또 다른 이유는 '소통'이 목적입니다.

첫째, 글쓰기 지도의 목적입니다.

초등학교에서는 저학년, 중학년, 고학년으로 학년을 구분합니다. 저학년은 일기를 써야 한다고 생각합니다. 1학년은 한글을 배우기 시작하고 2학년까지는 한글을 익히며 숙달하는 단계입니다. 물론 많은 학생들이 유치원 시절 한글을 대부분 배웠다고 하지만, 말하는 것과 쓰는 것은 별개입니다. 저학년일 때는 자신의 하루 일과를 긴 글로 표현하기에는 어려움이 있는 것이 사실입니다. 그렇기 때문에 가장 기억에 남는 장면을 그림으로 그린 후에, 그에 대해 짧게 글을 쓰는 그림일기를 적용합니다.

그러나 개정된 국가교육과정에서는 1학년 1학기에는 한글을 배우는 교육과정이고 놀이 중심 교육과정이다 보니 일기, 받아쓰기를 권장하지 않아서 학교별로 하지 않는 곳이 많아지고 있습니다. 그러다 보니 점차 글쓰기에 대한 감각, 맞춤법 등을 익힐 수 없는데, 당장은 이런 부분이 드러나지 않지만 결국 5~6학년이 되면 여실히 드러납니다. 학생들의 문장을 살펴보면 많은 부분이 충격으로 다가옵니다. 우선 학생들이 글을 어떻게 써야 하는지, 올바른 맞춤법이 무엇인지를 굉장히 어려워합니다. 물론 '6학년이면 이 정도 글을 써야 한다!'라고 정해진 단계가 없지만, 1학년 학생과 비슷한 글쓰기에 머물러 있는 학생들이 있습니다. 맞춤법도 이미 고착화되어 알려줘도 쉽게 바뀌지가 않습니다.

1, 2학년 저학년은 그림일기를 쓰면서 한글을 친숙하게 익히는 것

이 우선이며, 3, 4학년 중학년은 앞서 말씀드린 글쓰기 능력이나 맞춤법 등을 다듬어가는 시기로 보면 됩니다. 이런 과정들이 자연스럽게 이루어진다면 5, 6학년에서는 굳이 일기를 쓸 필요가 없다고 생각합니다. 다만 일기를 쓰지 않는 것이지, 독서록, 논설문 등 다른 방법을 통해 글쓰기 지도는 이루어져야 합니다. 만약 재학 중인 학교에서 저학년 때 별도로 일기, 받아쓰기를 하지 않는다면, 가정에서라도 일주일에 한두 번은 가족과 함께하는 글쓰기 시간을 정하여 학생들이 글쓰기에 친숙함과 흥미를 느끼게 해줍니다.

둘째, 학생과 교사간의 소통 목적입니다.

일기장은 학생과 교사의 소통 창구로 정말 중요한 역할을 하고 있습니다. 교사와 학생이 일기장을 통해 서로 대화하며, 다른 학생들의 눈을 피해 고민 상담도 하며, 각자 자신의 이야기를 담을 수 있는 방법입니다. 학생들이 일기장 검사가 끝나고 본인의 일기장을 받았을 때 가장 먼저 하는 행동이 무엇인지 아시나요? 본인이 쓴 일기장을 펼쳐봅니다. 왜 이런 행동을 할까요? '담임선생님이 답글을 달아주셨을까? 무슨 글을 써주셨을까?'를 기대하고 펼쳐보는 것입니다. 교사의 한 문장 한 문장에 행복을 느끼며 서로 감정을 주고받습니다.

물론 선생님들은 평소에도 교실에서 학생들과 고민 상담을 합니다. 그러나 많은 학생들이 같은 공간에 있고, 학생들끼리도 눈치를 살피기 때문에 일과 중이나 방과 후에 따로 말하는 것을 부담스러워하는 학생도 많습니다. 이런 학생들에게는 일기만이 담임선생님과 소통할 수 있는 방법입니다. 그래서 저도 고학년이 되었다고 일기 쓰기를 완전히 멈추지는 않고 최소한 한 달에 1번 이상은 쓰게 합니다. 실제로 많은 학생들이 일기를 통해 친구 관계, 가족 관계 등 자신의 고민을 이야기하고, 이를 통해 고민을 알게 된 교사와 함께 더 나은 학교생활을 위해 노력하고 있습니다.

자녀들에게도 이런 여러 가지 이유를 알려주세요.

독서록

학생들의 글쓰기 중에서 일기 다음으로 많이 접하는 것이 독서록(독서감상문)입니다. 책을 읽고 나서 다양한 형태로 글을 적는 활동입니다. 그리고 일부 학생들은 독서록 쓰는 활동을 일기 쓰기보다 더 부담스러워하고 어려움을 느낍니다. 아마 학부모님들도 학창 시절 독서감상문을 작성하면서 비슷한 감정을 느끼셨으리라 생각합니다. 지나치게 형식이나 틀에 얽매이면 쓰기도 어렵고 재미도 느낄 수가 없습니다. 어렵고 재미없는 활동은 학생들 입장에서도 엄청 하기 싫을 수밖에 없죠.

생각난 김에 자녀에게 "독서록 왜 쓰고 있어?"라고 한번 물어봐주세요. 아마 당황한 눈빛으로 부모님을 바라볼 것입니다. 자녀의 머릿속에는 '엄마가 쓰라고 했잖아요.' 또는 '학교 숙제니까요.'라는 대답이 맴돌고 있을 겁니다. 일기와 마찬가지로 독서록을 쓰는 이유에 대해서도 설명해주고 글쓰기에 대한 긍정적인 태도가 자리 잡히도록 지도하시면 좋겠습니다.

독서 활동이 중요할까요? 독후 활동이 중요할까요? 당연히 독서 활동이 더 중요합니다. 그렇기 때문에 학생들이 독서 그 자체에 재미를 느끼고 몰입할 수 있어야 합니다. 이후 본인이 읽었던 책이나 내용, 인상 깊었던 장면 등을 더욱 오랜 시간 기억하기 위해서, 또는 작품을 읽으며 느꼈던 감동이나 감정 등을 공유하기 위해서 독서록을 작성하는 것입니다. 독서 활동보다 독서록 쓰기에 치우치는 것은 배보다 배꼽이 커지는 안타까운 상황으로 이어질 수 있다는 것을 기억해주세요.

따라서 초등학생 때는 독서록 글쓰기에서는 너무 형식에 얽매이지 않고, 자녀가 남기고 싶은 대로 형식에 상관없이 자유롭게 즐거운 활동, 나를 위한 흔적 남기기 활동이라고 생각할 수 있도록 신경써주세요. 형식을 강요하지 않아야 학생들이 독서록 쓰기에 부담을 덜 느낄 것입니다.

취미 생활 하나쯤은
갖고 있는 게 좋아요

즐길 수 있는 취미 활동을 하나 정도 갖고 있으면 좋습니다. 학교생활에 대한 이야기를 하는데 갑자기 무슨 취미 활동이냐고요? 생각보다 취미 생활이 교실에서 또는 수업 시간에 유용하게 쓰일 수 있고 학생 개인적으로 많은 도움이 된다고 생각하기 때문에 추천합니다.

초등학교는 실생활과 밀접한 모든 활동을 하는 곳입니다. 국어, 영어, 수학만 배우는 것이 아니라 다양한 음악, 미술, 체육, 실과 등을 포함한 예체능까지 배우기도 하고 체험도 실시합니다. 교과별 학업 안내에서도 나오겠지만 음악 활동(악기, 성악 등등), 체육 활동(태권도, 수영, 방과후체육 등)을 취미로 하고 있는 학생들은 해당 수업 시간에 정말 즐겁게 참여합니다. 아무래도 본인이 좋아하고 잘하는 활동이기 때문에 다른 학생들에 비해 자신감을 갖고 행동합니다.

수업 시간뿐만 아니라 학급별로 발표회나 생일파티, 장기자랑 등 다양한 이벤트를 실시합니다(담임선생님마다 하는 교실이 있고, 하지 않는 교실도 있습니다). 본인이 즐겨하는 취미가 없는 학생들은 그럴 때 자신의 차례가 오는 것을 두려워합니다. 친구들한테 보여줄 만한 것을 아무리 떠올려봐도 적당한 활동이 떠오르지 않기 때문입니다. 그러나 취미가 있는 학생들은 자신 있게 나와서 실력을 발휘합니다. 잘하든 못하든 실력과 관계없이 많은 친구들 앞에서 지금까지 연습해온 것들을 보여주는 것만으로도 자신감과 자존감은 올라갑니다.

공연용이 아니라 혼자 하는 취미도 마찬가지입니다. 쉬는 시간에 혼자 취미 생활을 집중해서 하고 있으면 주위 친구들이 관심을 가집니다. 학생들은 본인이 하지 않는 것을 누군가 하고 있으면 굉장히 궁금해하며 호기심을 지니고 쳐다봅니다. 관심을 보이며 먼저 다가오는 친구도 생기고, 같은 취미를 가진 학생이 있다면 훨씬 가까워질 수 있습니다.

보시다시피 취미 활동은 여러 방면에서 학교생활과도 연관이 있습니다. 그러나 사실 취미 생활을 추천하는 가장 큰 이유는 학생이 즐거웠으면 하는 바람에서입니다. 학생들에게는 학교 수업이 끝난 시간부터 잠자기 전까지 굉장히 긴 시간이 있습니다. 그러나 이 시간을 제대로 활용하지 못하는 안타까운 학생들을 많이 봤습니다. 학원을 여러 군데 가는 학생, 컴퓨터 또는 게임만 하는 학생, 집에서 빈둥거리는 학생 등 시간이 없어서 취미를 못 가지는 친구도 있을 테지만, 초등학생인 만큼 시간이 부족해서라기보다는 무엇을 해야 할지를 모르는 쪽이 더 많을 것이라 생각합니다.

자녀들에게 어떻게 취미 활동을 갖도록 해줄 수 있을까요? 우선은 학생이 좋아하는 활동이 무엇인지 찾아야 합니다. 지금까지 직간접적으로 체험한 활동 중에서 학생 스스로 떠올리게 해주세요. 만약 떠오르지 않는다면 이제부터라도 학부모님께서 다양한 것들을 한두 번씩이라도 노출시켜주면 됩니다. 직접 할 수 없는 활동이라면 영상 등으로 대체하여 흥미만 유발시키는 방법도 괜찮습니다. 그러나 예를 들어, '피아노가 정말 효과가 좋고 어른이 되어서까지 필요하다 하니 피아노를 시켜야겠어.'라는 접근은 안 됩니다. 의도 자체는 좋지만 학생 입장에서는 취미 활동이 아니라 학원 1개가 추가되는 꼴입니다. 학생들의 의견이 전혀 반영되지 않은, 학부모의 일방적인 선택이니까요. 반대로 학부모님 의견이 반영되지 않은 학생 의견만 듣게 되면 TV시청, 컴퓨터게임, 모바일게임 등의 놀이 활동만 나올 테니 대화를 통해 서로가 만족할 만한 취미 활동을 찾으면 좋겠습니다.

그리고 취미 생활을 정할 때 정말 중요한 한 가지! 취미 생활이 학생에게 스트레스로 이어지지 않게 신경써주세요. 취미 생활은 자신이 좋아하는 활동을 하면서 스트레스를 극복하고 즐겁게 하기 위함입니다. 학업으로 인한 스트레스, 학교나 가정에서 발생하는 스트레스 등을 해소하며 기운을 충전하는 시간이 되어야 합니다. 그러니 혹시 옆에서 지켜보기에 너무 답답하더라도, 또는 자녀가 주기적으로 하지 않더라도 차분하게 기다려주세요. 가장 좋은 방법은 부모님이 본인의 취미 활동을 꾸준히 하는 모습을 보여주는 것입니다. 부모님이 여가 활동을 즐기는 모습을 자연스럽게 보고 배우면서 자신들도 그것을 취미로 삼는 경우가 많으니까요.

온라인수업을
대하는 자세

사상 처음으로 이루어진 온라인수업은 교사는 물론이고 학생들도
이런 상황에 대처하기 힘들었습니다. 특히 학부모님께선 하루 종일
집에 있는 자녀들을 어떻게 지도해야 할지 막막하셨으리라 생각합
니다. 시간이 지나면서 온라인수업에 어느 정도 적응하기는 했지만,
이미 일정 부분 학습 결손이 발생했을 가능성이 높습니다. 이유는
다양합니다. 학생에 따라서 누군가는 제대로 수업 내용에 집중했고,
또 누군가는 수업에 집중하지 않고 다른 활동을 했을 수도 있습니
다. 자녀를 봐주는 어른이 있는 가정과 맞벌이 가정에서 차이가 있
었을 수도 있습니다. 그러나 상황은 이미 발생했고, 이에 맞게 우리

는 대응하고 준비를 해야 합니다. 앞으로는 매일 등교하길 절실하게 바라지만 이런 상황이 또 올 수도 있기 때문입니다. 학생들이 온라인수업에서 갖춰야 할 태도와 학부모님께서 어떤 관점으로 자녀들을 바라보고 신경써주면 좋을지 정리해봤습니다.

첫째, 수업 시간 약속 시행 여부입니다. 온라인수업에는 크게 2가지, 단방향 영상 제공과 쌍방향 수업이 있습니다. 단방향은 교사가 영상을 업로드하면 학생들이 가정에서 듣는 형태이고, 쌍방향은 서로 동시에 소통하는 수업 형태입니다. 2가지 형태 모두 수업 시간은 동일하게 정해져있지만, 단방향 영상 제공은 사실 듣는 시간이 그렇게 중요하지 않았습니다. 당일 안에 듣거나 일주일 내에 수업을 듣는다면 출석을 인정해주었습니다. 그러다 보니 학생들도 평상시 등교처럼 일어나 준비하지 않고 늦잠을 자면 오후에 수업을 듣기도 하면서 시간이 불규칙해졌습니다. 실시간으로 바뀌었는데도 이런 습관들이 이어지는 경우가 많습니다. 실시간 조례, 종례, 그리고 쌍방향 수업에조차 모습을 보이지 않는 친구들이 여기에 해당하는 학생들이었습니다.

일찍 일어나서 온라인수업을 듣다가 실시간 수업에도 제대로 참여하는 태도가 자리 잡힌 학생들이라면 전혀 걱정되는 부분이 없습니다. 다만 기본 조건은 학생 본인 스스로 참여했을 때입니다. 부모님이 계속 신경을 써준다거나 담임선생님의 연락을 받고 나서야 들어오는 학생들은 앞으로는 스스로 시간을 확인하여 참여하는 연습을 하면 좋겠습니다. 문제는 이렇게 안내해도 깜빡하거나 늦잠을 자거나 수업이 있는지 없는지조차 몰라서 제시간에 들어오지 못하는 학생입니다. 학교 수업 시간 자체를 못 지키는 것에서부터 수업 들을 준비가 되어 있지 않아서 학습에 있어서도 가장 걱정이 되는 학생입니다. 시간적 여유가 있어야 마음의 여유도 생깁니다. 단방향이든, 실시간이든 수업 시간이라는 인식을 가지고 항상 학교 가는 마음으로 시간을 철저하게 지키는 것이 가장 기본적인 태도입니다.

둘째, 온라인수업 과제 완료 여부입니다. 과제는 학교마다 또는 학급마다 다를 수 있습니다. 영상들도 예전에 비해 조금 더 내실 있는 수업을 제공하고 있습니다. 다시 말해서 온라인수업 초반에는 교사들도 혼란스러운 부분이 많아서 일부 부실한 수업 영상이 제공된 적도 있었을 겁니다. 학생들이 40분 동안 듣지 않아도 10~20분 내에 충분히 끝냈겠지요. 즉, 이런 학생들도 짧은 영상에 익숙해져서 웬만한 하루 일과는 오전 중에 끝나게 됩니다. 그러나 교사들도 온라인 수업에 적응하고 나서부터는 학생들이 40분간 할 수 있는 수업을 진행하기 위해서 더 많은 준비를 하고 있습니다. 영상 이후에도 학생들이 스스로 복습할 수 있는 각종 학습지나 숙제, 노트 정리 등의 활동들을 제공하고 있습니다. 아마 매일매일 최소한 1, 2개의 활동이 있으리라 예상됩니다. 학부모님들께서는 이 과제의 상태만 보셔도 자녀가 잘 하고 있는지 파악하실 수 있습니다. 학생들이 직접 시간을 투자하여 오늘 배운 내용을 복습하고 점검하면서 과제를 당일 수업 시간 안에 완성해낸다면 온라인수업을 믿고 맡기셔도 됩니다. 그러나 단순히 영상만 보고 "끝~"을 외치며 숙제나 학생 활동에 신경을 쓰지 않는다면 심지어 수업 내용 부분까지 다시 확인해볼 필요가 있습니다.

셋째, 일기나 독서록 등의 평상시 학교 숙제 지속 여부입니다. 꾸준히 학교에 갔더라면 주 몇 회 일기와 독서록을 꾸준히 작성하고 있었겠지요. 정상 등교 상태라면 담임선생님께서 매주 숙제를 내주셨을 텐데, 온라인수업 기간 동안 자녀들이 위와 같은 활동을 하고 있나요? 아마 누군가는 이어서 하고 있을 것이고, 누군가는 하지 않고 있을 겁니다.

왜 그럴까요? 매일 등교하지 않기 때문입니다. 매일 선생님이 검사를 하지 않는다고 생각을 하니 일부 학생들은 마음을 놓고 정신이 해이해진 것입니다. 그러나 앞서 말씀드린 일기와 독서록 등을 쓰는 이유를 '누가 시켜서', '검사'의 목적이 아니라 '자기 자신의 발전', 즉 내부의 다짐으로 생각하여 이어나갈 수 있으면 좋겠습니다.

간단해보이지만 이런 것 하나하나의 마음가짐이 결국 온라인수업을 듣는 태도와 직결된다고 생각합니다.

넷째, 글씨체의 정성 여부입니다. 자녀들 글씨체 관련하여 학부모님들의 고민이 많으시죠? 온라인수업에서는 더 심각합니다. 지금 교과서나 학습지를 꺼내서 살펴봅시다. 누가 봐도 떳떳한 글씨체인가요? 교과서든 온라인수업 과제든 일기든 검사해주는 사람이 없다고 막 날려 쓰는 학생들은 과제를 대충 끝내고 다른 활동에 마음이 가 있을 확률이 높습니다. 그러면 수업 자체에도 집중을 하지 않고 있을 가능성이 존재합니다. 온라인 및 원격수업을 듣고 남은 수업 시간 동안에도 정성스럽게 글자를 적고 있다면 학부모님들도 선생님들도 잔소리할 일은 없어지고 '우리 아이가 수업을 잘 듣고 있구나.' 라고 믿을 수 있게 됩니다. 글씨체 하나만으로도 수업 태도, 학업 여부까지 이어질 수 있다는 점을 명심해주시기 바랍니다.

온라인수업에서 점검해야 할 사항들을 통해 학생들의 마음가짐, 태도 등을 살펴보았습니다. 앞으로 당연히 매일 등교를 하는 것이 자연스러워지겠지만, 한번 온라인수업 체제가 마련되었으므로 천재지변이나 부득이한 상황에 처하게 되면 언제든 온라인수업으로 변경될 수 있다고 생각합니다. 온라인수업이 존재하는 만큼은 학생들도 진지하게 임하고, 학부모님들께서도 학생들이 이와 같은 마음가짐을 지닐 수 있도록 신경써주시기 바랍니다.

온라인수업 시대에 꼭 필요한
집에서 집중하는 태도

2020년 한해는 학생들은 물론 학부모님들께도 정말 힘든 시기였습니다. 사상 처음으로 등교가 연기되고, 등교수업 대신 온라인수업을 진행하였습니다. 다시 말해서 학생들은 등교해야 할 시간에도 집에 있었고, 학원에 가야 할 시간에도 집에 머물러 있었습니다. 집에 있는 시간이 길어진 만큼 학생들이 집에서 집중할 수 있는 태도와 그를 위한 환경 조성을 말씀드리려고 합니다. 학생들이 중고등학생이 되면 독서실이나 도서관을 자주 이용할 수도 있지만, 초등학생 때부터 집에서 공부할 때 집중하는 태도가 생긴다면 이후에도 큰 도움이 되리라 생각합니다.

첫째, 학생 본인이 또는 자녀가 혼자 공부에 집중할 수 있는지를 파악해야 합니다. '조용히 혼자 공부하는 것이 집중이 잘 된다.' '누군가 지켜보는 느낌이 들면 불편하다.' 여기에 해당되는 학생들은 방에서 공부할 수 있도록 해주면 됩니다. 반대로 '방에 있으면 뭔가 산만해진다.' '감시는 아니지만 누군가 신경써주는 느낌이 좋다.' 여기에 해당된다면 방에서 나와 거실이나 부엌에서 공부를 할 수 있는 환경을 마련해주면 됩니다. 이는 이후에 도서관이 어울릴지, 독서실이 어울릴지 선택할 때도 중요한 기준이 됩니다.

둘째, 무엇보다 집이 주는 친숙함과 익숙함에서 벗어나야 합니다. 신체적으로 벗어나는 것이 제한된다면 정신적으로라도 벗어나야 합니다. 집은 마음이 가장 여유로운 장소입니다. 그렇기 때문에 공부에 집중해야 할 시간이라면 위의 생각과 의도적으로 멀어져야 합니다. 구체적으로는 아래와 같은 방법들이 있습니다.

1. 잠옷을 벗고, 일상복으로 갈아입습니다. 하루 종일 집에 있고 나갈 일이 없다면, 보통 잘 때 입었던 잠옷이나 편안한 복장을 계속 입고 있을 수도 있습니다. 그래서 '공부해야지!'라고 마음 먹었다가도 잠시 쉬어야지라는 생각과 함께 그대로 누워버릴 수가 있습니다. 잠옷을 입고 있는 상태라면 더욱 부담 없이 누

울 수 있고, 누웠다면 그 뒤는 꿈에서 공부를 하게 됩니다.

2. 공부하기 전에 이부자리는 꼭 정리하고, 침대를 사용한다면 베개와 이불이라도 공부하는 곳에서 치워주세요. 견물생심이라고, 물건을 보게 되면 마음이 생깁니다. 공부에 집중하다가 잠깐 지칠 때 베개를 보면 안거나 베고 싶고, 이불을 보면 푹신하겠다는 생각이 들 수밖에 없습니다. 유혹에서 이겨내는 정신력과 집중력도 중요하지만 환경에서 유혹을 없애주는 것도 좋은 방안입니다. 유혹하면 빠질 수 없는 것이 있죠?

3. 핸드폰, 컴퓨터가 눈에 보이면 끝이라고 생각해주세요. 물론 이 2가지를 잘 활용한다면 좋은 도구가 될 수도 있지만, 온라인수업·인터넷 강의를 듣는 시간이 아니고 개인 공부를 하는 시간인 만큼 도움보다는 방해와 유혹 요소라고 생각해야 합니다. 가정마다 컴퓨터나 핸드폰 이용 시간에 대한 약속들 있으시죠? 학부모님도 만족하고, 자녀도 만족하는 절충안의 약속을 정해주세요. 이때 책상에 앉아있기로 한 시간에는 2가지를 손대지 않는다는 것을 포함시켜주면 됩니다.

셋째, 학생 스스로 실제 학습 시간을 기록하게 해주세요. 교육학에서 ALT^{Academic Learning Time}라는 용어가 있는데, 실제 학습 시간이라고 합니다. 쉽게 표현해서 멍 때리거나 다른 잡생각을 하는 시간을 모두 제외하고, 실제 본인 스스로 공부한 시간을 적도록 하는 것입니다. 매일 이렇게 하다 보면 본인이 어느 정도 집중을 하고 있는지, 그리고 어제의 나와, 지난주의 나 사이에는 어떤 변화가 있는지 직접적으로 살펴볼 수 있습니다. 남이 아닌 자신과의 비교를 통해 반성 또는 더 높은 다짐 등의 피드백 효과가 있을 것입니다. 핸드폰보다는 타이머가 좋으나, 아직 초등학생이 타이머를 사용하기엔 조금 부담스러울 겁니다. 학교 수업 시간에 맞춰서 40분 후 알람이 울리도록 맞춰놓고 집중을 합니다. 알람이 울리면 10분간 휴식하고 다시 집중을 합니다. 핸드폰 알람이라면 손이 닿지 않는 곳에 멀리 두면 됩니다. 이렇게 알람이나 타이머 등을 이용하시면 집중 시간도 파악할 수 있고, 핸드폰 사용 유혹도 제거할 수 있습니다.

집에서도 집중할 수 있는 방법에 대해 살펴보았습니다. 사실 어린 학생들이다 보니 편안한 집, 이런저런 유혹이 많은 환경에서 집중하기가 쉬운 일은 아닐 겁니다. 이런 상황일수록 자녀를 다그치는 방법보다는 집중을 방해하는 유혹 요소들을 없애주고, 환경적인 요인들을 바꿔주세요. 그다음에 내부적인 요인을 자세히 파악한다면 효율적인 자녀교육이 될 수 있습니다.

3장

행복해지는
학교생활의 비밀
: 친구 관계

학교생활에서
친구 관계가 중요한 이유

학교생활을 행복하게 하기 위해서는 무엇보다 친구 관계가 중요합니다. 초등학생 시기에는 친구 관계가 학교생활의 99%라고 해도 과언이 아니기 때문입니다(간혹 친구 관계를 중요하게 여기지 않는 학생도 있기에 100%라고 말씀드리지 못했습니다). 왜 그럴까요? 비중이 큰 만큼 먼저 생각해보시길 바랍니다. 자녀들이 스스로 친구 관계의 중요성을 깨달으면 뒤의 내용들을 설명해줄 필요가 없을 수도 있습니다.

우선 가장 눈에 보이는 이유는 하루 종일 친구들과 함께 생활하기 때문입니다. 등교를 위해 집을 나오는 순간부터 같은 동네 친구들을 만나고, 교실에 들어서는 순간부터 집에 가기 전까지 학급 친구들과 모든 활동을 함께 합니다. 다른 이유를 다 떠나서 온종일 붙어 있어야 하는 친구 관계가 좋지 않다면 자녀의 마음이 편안할까요? 마음이 편안하고 여유로워야 다른 활동을 해낼 여력도 생깁니다. 그럼 친구 관계가 학교생활 중에서 구체적으로 어떤 부분에 영향을 미치는지 살펴보겠습니다.

먼저, 쉬는 시간 및 점심시간입니다. 부모님의 학창 시절을 떠올려보세요. 쉬는 시간에 무엇을 많이 하셨나요? 맞습니다. 모여서 이야기하기, 장난치기, 나가서 뛰어놀기 등등 친구들과 삼삼오오 모여서 하고 싶은 활동을 합니다. 공통된 활동을 하기 위해 모이는 그룹도 있고, 친한 친구들끼리 뭉치기도 합니다. 이렇게 모여서 수업 시간에 받았던 스트레스도 풀고, 지친 기운도 보충하며 재충전하는 시간을 보냅니다. 우스갯소리지만 학교에 놀러오는 학생들에게는 친구들과 함께 노는 쉬는(점심)시간이 학교생활의 전부입니다. 반면에 쉬는 시간임에도 불구하고 혼자 책상에 앉아 있는 학생들도 있습니다. 이런 학생도 크게 2가지 경우 - 자발적이냐 비자발적이냐로 구분 가능합니다. 전자의 경우는 스스로 독서나 수업 내용 복습을 희망하는 학생입니다. 후자의 경우는 아직 친구 관계가 제대로 형성되지 못한 학생들입니다. 이런 학생들은 쉬는 시간에 마음 편히 스트레스를 풀지도 못하고, 주위 친구들을 부러운 눈빛으로 쳐다보는 경우가 많습니다. 심한 경우에는 쉬는 시간이 즐겁지 않고, 그런 경험이 쌓이다 보면 학교생활이 두려워질 수도 있습니다.

그럼 선생님과 함께하는 수업 시간에는 친구 관계의 영향이 적나요? 직접적으로 영향을 미치는 부분은 적지만 간접적으로는 수업 시간에도 친구 관계가 많은 영향을 줍니다. 직접적인 영향을 주는 부분은 수업 시간 내에 짝 활동이나 모둠 활동을 할 때 발생합니다. 적게는 2명, 많게는 5~6명이 조를 이뤄서 하나의 주제에 맞게 활동(토의, 실험, 관찰 등)을 시작합니다. 같은 모둠에 나랑 불편한 관계의 친구가 있거나 본인을 제외하고 자신들끼리 친한 학생들이 모여 있는 모둠이라면 학생 스스로 마음이 살짝 위축되거나 역할이 제한되는 부분이 있기 때문입니다.

학생이 심적으로 위축되는 부분이 발생하는데 이것이 바로 친구 관계의 간접적인 영향으로 이어집니다. 학생 입장에서는 여러 명이 함께하는 모둠 활동은 당연히 불편할 뿐 아니라 개인 활동에까지도 친구들을 의식할 수밖에 없습니다. 발표를 할 때도 학급 내 친구 관계에 따라 목소리의 크기, 자신감 자체가 달라집니다. 친구 관계가 원만한 학생들은 자신의 정답이 맞든 틀리든 크게 대답을 하고, 틀리더라도 별로 신경 쓰지 않고 웃어넘깁니다. 반대로 친구 관계에서 위축된 학생들은 혹시 자신이 틀리면 주위 학생들이 비웃지는 않을지, 자신의 발표를 어떻게 생각할지 등의 걱정을 하다 보니 목소리도 줄어들고 수업 시간에도 적극적으로 참여하기가 힘들어집니다. 이것이 수업 시간이든 쉬는 시간이든 친구 관계가 좋아야 학교생활이 행복하다고 말씀드리는 이유입니다.

새 학기,
첫인상이 중요해요

새 학기가 시작되는 3월은 학생들도 마찬가지고, 학부모들도 긴장과 설렘이 최고조에 다다르는 시기입니다. 작년 1년 동안 적응하며 익숙해졌던 친구들과 선생님을 떠나 낯선 환경의 새로운 교실, 새로운 친구, 선생님을 만나는 날이기 때문입니다. 새로운 학년의 첫 학기가 시작되며 서로에 대한 첫인상이 결정되는 시기이기도 합니다. 이 첫인상이야말로 1학기 동안 학교생활을 좌우할 수도 있을 만큼 영향이 크기 때문에 이 기간만큼은 꼭 신경 쓰는 게 좋습니다.

우선, 첫인상에 대한 재미난 실험이 있습니다. 미네소타 대학 심리학과 마이클 선나프랭크 교수는 사람과 사람이 가까워지는 데 첫인상이 어느 정도 영향력을 미치는지 궁금하여 실험을 했습니다. 실험 방식은 대학교 대형 강의를 듣고 있는 258명의 학생을 무작위로 짝지었습니다. 처음 만난 두 사람은 서로 인사를 하고 3분간 짧게 대화했습니다. 이후 각자 자리로 돌아가 서로의 첫인상이 어땠는지 묻는 설문에 답했습니다. 이 과정을 10주 동안 반복했습니다. 그리고 마지막 10주차가 되었어요.

어떤 결과로 이어졌을까요? 첫인상이 좋았던 학생들과는 대화량도, 호감도, 친한 친구가 될 가능성의 확률도 확 높았습니다. 게다가 첫인상이 한 번 형성되면 새로운 정보를 받아들일 때도 그 틀을 기반으로 바라보게 되면서, 첫인상에 맞는 모습만 눈에 띄고 그 인상을 강화하려는 결과도 도출되었습니다. 다시 말해서 새로운 강력한 정보가 아니면 처음 생각이 쉽게 바뀌지 않는다는 뜻입니다.

교실에서의 친구 관계도 이 실험의 결과와 비슷하다고 보시면 됩니다. 물론 교사의 역할, 교실놀이, 모둠 활동 등을 통해서 앞의 단순한 실험보다는 변화될 요소들이 훨씬 많기는 합니다. 그럼에도 불구하고 학생들 사이에서 생성된 첫인상의 인식과 기존에 쌓여있던 교우관계에 변화를 주기는 쉽지 않습니다. 학기 중에 정말 큰 사건이 발생하지 않고서는 큰 변화를 기대하기 어려운 것이 사실입니다.

여기서 큰 사건이라 함은 다른 친구들이 몰랐던 새로운 면목을 보여주는 반전 매력이나, 자신들 그룹 내에서 벌어지는 큰 갈등, 싸움 등을 의미합니다. 그만큼 한번 형성된 첫인상과 교우관계는 쉽게 바뀌지 않습니다.

좋은 첫인상을 만드는 3가지 방법

첫인상을 좋게 심어주는 방법은 무엇이 있을까요? 조금 더 쉽게 다가가기 위해, 반대로 생각하여 첫인상을 나쁘게 심어주는 교실 속 요소들은 무엇이 있을지를 알고, 이를 안 하기만 해도 성공입니다. 학생들은 자신에게 피해를 주는 사람, 올바르지 않은 행동을 보이는 사람들을 우선적으로 피하고 싶어 하기 때문입니다. 지금 소개해드릴 3가지 방법은 지극히 평범하고, 누구나 쉽게 할 수 있는 방법입니다. 2가지는 학부모님께서 충분히 자녀를 도와주실 수 있고, 1가지는 학생 스스로 조절을 잘 해야 합니다.

첫째, 교실 활동을 할 때 자신의 극단적인 성격이 드러나는 것을 신경 써주세요.

3월 중순 정도까지는 담임선생님들이 바로 수업을 하기보다는 교실 놀이나 친교 활동 위주로 학급 운영을 합니다. 자기소개, 모둠 활동, 게임 활동 등 학생들 간에 서로 서먹서먹한 관계를 벗어나기 위한 놀이 활동이라고 생각하면 됩니다. 이 시기에는 학생들 대부분이 본인의 성격을 많이 드러내지 않게 조심하면서 선생님 지도에 따라 활동에 참여를 합니다. 그러나 이를 참지 못하고 자신의 존재를 드러내는 학생들이 있습니다. 다양한 유형 중에서 몇 가지 눈에 띄는 유형들 안내해드릴 테니 참고하시면 좋겠습니다.

승패에 집착하는 학생들이 있습니다. 이기기 위해서 온갖 수단과 방법을 가리지 않는 학생, 같은 편의 작은 실수도 용납하지 못하고 구박하는 학생, 상대편의 잘못을 어떻게든 집어내고 이르는 학생 등 과도하게 승패에 집중하여 자신도 모르게 다른 학생들과 교사들에게 승부욕이 강한 친구라고 각인시켜줍니다. 즐기고 친해지기 위한 목적으로 하는 활동에서 이런 목적과 반대로 가면 분위기가 조금 이상해지겠죠?

이와 반대로 활동에 아예 무관심한 학생들도 있습니다. 특히 고학년으로 갈수록 많이 나타나는데요. '너희들은 알아서 해라. 나는 이기든 지든 아무 관심 없어.'라는 태도로 무기력하게 시간이 흐르기만을 기다리는 유형입니다. 이런 학생은 오히려 너무 적극적으로 게임에 참여하는 학생보다 더 안 좋은 인상을 심어줄 수 있습니다. 팀원들의 사기나 기운을 저하시킬 수 있기 때문입니다. 처음부터 무기력한 모습을 보이면 친구들로 하여금 '나랑 같은 편 하기 싫은 건가?' '뭐가 마음에 안 드나?' 등의 오해를 불러일으킬 수 있습니다. 학기 중간쯤에 학급 친구들이 서로의 특성을 알고 나면 이러한 행동들을 어느 정도 이해하면서 주위 친구들이 챙겨주지만, 처음부터 저런 행동을 하는 것은 조심해야 합니다.

둘째, 3월에 제출해야 하는 가정통신문 등을 잘 확인하여 제출해 주세요.

"집에 가서 학부모 서명을 받고, 다시 학교로 가져오기." 새 학년 올라와서 첫 과제이자 숙제라고도 볼 수 있겠죠?

3월에는 새롭게 학년이 시작하기에 가정별로 작성해야 하는 가정통신문(안내문)이 많습니다. 개인정보활용동의서, 기초조사자료, 응급조치동의서 등등 학부모님들의 동의를 얻고 다시 학교에 제출해야 하는 서류가 대부분입니다. 모든 학생들의 서류를 수합해야 제대로 된 학생 관리를 할 수 있기에, 학교에서도 꼼꼼하게 확인합니다. 담임교사는 학년부장에게, 학년부장은 업무 담당자에게 서류를 어느 정도 거뒀는지 보고하는데, 꼭 반별로 제출하지 않는 학생이 한두 명은 있습니다.

언제 가져올 수 있는지 물어보면 학생들은 내일 꼭 가져오겠다고 합니다. 내일이 되면 깜빡했다고 합니다. 심지어 일주일 동안 가방 안에서 꺼내지도 않는 학생도 있습니다. 이런 부분들은 교사에게 영향을 미칠 수도 있지만, 학생들끼리도 서로 누가 안 냈는지 알고 있고, 약속을 어기는 행동들이 반복되면 좋은 인상을 주기 힘들어집니다. 담임 입장에서는 이런 가정통신문 하나라도, 다음날 바로바로 내는 학생은 기특하고 대견하게 느껴집니다. 학부모님에게도 고마운 마음이 듭니다.

셋째, 개학 첫날부터 최소 일주일간은 등교 시간을 잘 지켜주세요.

너무너무 당연하죠? 첫인상은 이런 기본적이고 당연한 것에서부터 시작합니다. 3월 첫날, 그리고 일주일간은 교실이 굉장히 조용합니다. 담임선생님의 눈치를 살피는 것도 있고, 주위 친구들을 의식하며 누구도 쉽게 나서며 떠들지 못하는 그런 어색한 분위기가 있습니다. 1~2주일이면 사라지긴 하지만요. 그런데 첫날, 1교시 수업 종이 치고, 담임선생님과 학생들의 첫 만남 시간에, 서로 인사를 하는 찰나에 1명이 없거나 수업 도중에 들어오면 어떨까요? 그 학생은 '첫날부터 지각한 학생'으로 인식이 오래 남습니다. 그리고 경험상 첫날 지각한 학생은 앞으로도 꾸준히 늦을 확률이 굉장히 높습니다.

첫인상을 좋게 남기는 방법은 매우 간단합니다. 평소보다 일찍 학교에 와서 친구들이 교실에 들어 올때마다 환영 인사를 반갑게 해주면 됩니다, 그러나 아직 어색할 수도 있고, 학생의 성향에 따라서 할 수 있는 학생과 그러지 못하는 학생이 있습니다. 그렇기 때문에 누구나 할 수 있는 첫인상 나쁘게 심어주는 방법을 피하자는 것입니다. 본인이 활발하고 적극적인 성향이라든가, 이번 기회에 나를 변화시켜보겠다 마음먹었다면 한번 도전해보면 어떨까요?

친구에게 다가가는
다양한 방법

반 편성이 나기 전에 많은 학생들이 걱정하는 것이 '내년에 같은 반에 친한 친구가 있어야 하는데.' 'OO와 같은 반이면 좋겠다.' 등등입니다. 친한 친구가 있으면 심리적으로 안정이 되고 여유로워집니다. 그러나 친한 친구가 같은 반에 없거나 또는 더 많은 새로운 친구들과 만나 친구 관계를 맺는 것에 익숙하지 않은 학생들도 있습니다. 그래서 친구에게 다가갈 때, 조금이나마 도움이 될 수 있는 팁을 드리려고 합니다.

일반적인 3월의 교실 분위기를 먼저 살펴보겠습니다. 1학년을 제외한 2~6학년 교실의 분위기는 작년에 같은 반이었거나 친했던 그룹, 동네친구, 학원 친구 등 서로 알고 있는 친구들 그룹이 형성되어 있습니다. 고학년으로 갈수록 더 심하고요. 1학년도 같은 유치원 친구, 동네 친구 정도는 서로 알고 있겠죠. 안타깝지만 지금까지 친구들과 잘 어울리지 못 했던 학생도 있을 수 있습니다. 학생들 사이에는 보이지 않는 그룹들이 작게는 4~6개, 많게는 10개 정도로 형성됩니다. 3월 첫날부터 일주일, 혹은 한 달은 이미 친한 그룹을 제외하고는 서로 눈치를 살피기도 하고, 학급에 어떤 친구들이 있는지 관찰하며 탐색하는 시기입니다. 고학년이 될수록 저학년, 중학년에 비해 기존에 형성된 그룹이 많고, 고정되어 있을 확률이 높습니다.

친구와 빨리 친해지는 방법

어떻게 하면 아이들과 빨리 친해질 수 있을까요? 제가 말씀드리는 팁들이 누군가에게는 일반적일 수도 있고, 정말 도움이 될 수도 있습니다. 도움이 되는지는 본인이 직접 실천을 하고 나서 판단해야 합니다. 일부 학생들은 이미 방법을 알고 있지만 막상 행동으로 옮기지 못합니다. 본인이 지금껏 하지 않았던 행동을 하기 위해선 큰 용기가 필요하며, 선뜻 나설 수도 없는 심정을 충분히 이해합니다. 자녀의 친구 관계에 도움이 될 방법이 절실히 필요하다 생각되면 제가 제시하는 여러 가지 방법 중에서 자녀가 가장 잘 할 수 있겠다는 것 1~2가지만이라도 꼭 도전해보도록 격려해주세요.

첫째, 한 명씩 대화하는 것을 추천합니다.

교실에는 여러 그룹이 있다 보니 서로 친한 친구들끼리 뭉쳐서 놀고 있는 경우가 많습니다. 이때 무리 지어 있는 아이들에게 다가가는 것은 오히려 역효과로 나타날 수 있습니다. 예를 들어 그 그룹이 4명이라고 할 때, 이미 3명이나 4명을 알고 있다면 마음 편히 다가가서 대화를 나누어도 됩니다. 그러나 서로 잘 모르는 경우에는 조금 예민해질 수도 있습니다. 학생들은 생각보다 주위 친구들의 눈치도 많이 보고 신경도 많이 씁니다. 비록 형성된 그룹 중 1명의 친구가 본인들에게 다가온 새로운 친구와 대화도 하고 싶고 친해지고 싶은 마음이 있더라도, 같은 그룹 친구들의 눈치를 살피게 됩니다. 절친한 관계일수록 이런 영향이 더 강합니다. 심한 학생의 경우에는 '이 친구는 내 것'이라는 소유욕까지 느끼지만, 심하지 않더라도 그룹 내 친구들의 영향은 존재합니다. 그래서 이렇게 함께 모여 있을 때 다가가는 방법보다는 쉬는 시간에 친해지고 싶은 친구가 혼자 있거나, 아니면 짝활동이나 모둠 활동을 할 때 자연스럽게 다가가는 것이 다른 친구들의 눈치를 보지 않고 비교적 쉽게 이야기를 나눌 수 있다는 점을 알아주세요. 오히려 이렇게 만나서 더 잘 지내는 경우도 많이 발견하였습니다. 그룹에서는 마음이 맞지 않더라도 그냥 친구 관계를 위해 참았지만, 정말 마음이 잘 맞는 친구를 만나면 친구 관계에 변화가 생길 수밖에 없습니다.

둘째, 과거를 묻지 마세요. 또는 과거를 중요하게 생각하지 마세요. 이런 것을 다 따지면 사귈 수 있는 친구의 폭이 너무 제한될 뿐 아니라 자신의 마음도 좁아질 수가 있습니다. 학년이 올라갈수록 다른 친구들에 대한 편견이나 오해를 가진 학생들이 있습니다. "쟤, 작년에 그랬다더라." "저 친구 성격 이렇다더라." 등의 카더라 소식이 난무합니다. 그중에는 맞는 것도 있고, 잘못된 것도 있습니다. 그러나 소문이 사실이든 아니든 본인이 직접 겪은 것이 아니라면 소문에 연연하여 친구를 바라보지 않았으면 좋겠습니다. 비록 잘못이 있었어도 반성했을 수도 있고, 새 학년 다짐으로 바른 행동만 실천할 수도 있습니다. 그러니 새로운 친구가 다가왔을 때도 다른 친구들에게 그 친구의 지난 이야기를 묻지 말고, 올해 본인이 직접 대화해보고, 생활해보면서 판단하면 좋겠습니다. 이것만 제대로 실천해도 주변 학생들이 자신을 바라보는 시선이 바뀔 것입니다. 저 친구는 정말 믿음직하고 객관적인 친구, 남을 험담하거나 소문을 내지 않는 학생이라는 인식이 생깁니다. 그럼 주위에 친구들이 모일 수밖에 없습니다.

셋째, 같은 또래친구나 친해지고 싶은 그룹의 관심사를 파악해야 합니다. 이 부분이 평범하지만 가장 중요한 사항입니다.

담임선생님은 쉬는 시간에 학생들이 어떤 행동을 하는지, 어떤 친구들이 모여서 얘기를 하는지 관찰을 합니다. 그런데 정말 안타까운 장면들이 눈에 보이곤 합니다. 종종 새로운 친구와 친해지고 싶어 정말 큰 용기를 내서 말을 거는 학생들이 있는데, 대부분 대화가 이어지지 않고, 용기 낸 친구는 실망하여 돌아갑니다. 보통 이런 친구들은 다가가기 전부터 '이런 질문을 해야겠다'라며 본인이 하고 싶은 질문을 생각해가는 경우가 많습니다. 반면 다른 친구는 이 질문에 대한 관심이 전혀 없는 학생들입니다. 그래서 시큰둥하게 반응하거나 대꾸를 하지 않는 상황으로 이어집니다.

반대 상황으로, 1년간 정말 끊임없이 티격태격하며 싸우는 학생들이 있습니다. 그런데 이 친구들은 아무리 싸워도 쉬는 시간만 되면 또 다시 모여서 같이 놉니다. 공통된 게임이나 활동을 하는 학생들이죠. 이런 관심사가 확실한 그룹에는 다가가기 쉽습니다. 본인이 친해지려는 의지만 있으면, 많은 학생들이 하는 것에 대해 관심을 가지고 함께 참여하면 됩니다. 방법을 물어봐도 되고, 옆에서 구경하다가 자연스럽게 참여하면 됩니다. 예를 들어 그 관심사가 포켓몬 카드 게임이라고 하겠습니다. 포켓몬 카드를 사도 되고, 아니면 포켓몬 캐릭터나 게임에 대해 묻기만 해도, 주위 친구들은 신나서 설명해줄 겁니다. 그런데 포켓몬 카드 게임에 정신없는 학생들에게 가서 "너 ○○ 드라마(혹은 영화) 봤어?"라고 묻는다면, 정말 아무런 반응이 없을 겁니다. 그러니 우선은 친구들이 어떤 대화를 하는지, 음악, 아이돌, 게임 등 관심사가 무엇인지를 파악한다면, 조금 더 자연스럽게 다가갈 수 있을 것입니다.

모둠 활동에서 친구와
다툼이 생기는 이유

학교에서의 수업은 다양한 형태로 진행됩니다. 개인 과제 해결 및 발표 수업도 있고, 짝과 하는 활동도 있습니다. 3명 이상의 학생들이 함께하는 모둠 활동과 단체 활동도 있습니다. 여럿이 모여서 과제를 해결해가는 모둠 활동을 하다 보면 서로 의견이 다르기도 하고, 이로 인해 다툼이 생기는 경우가 자주 발생합니다. 모둠 활동에서 친구들 간에 다툼이 생기는 이유와 해결법을 알아봅니다.

첫째, 모둠 구성원 내 학업 격차가 이유가 될 수 있습니다. 학생 A는 학업에 자신이 있고, 반대로 학생 B는 학업에 부진하다고 가정을 해보겠습니다. 학업에 자신 있는 A는 본인이 생각한 대로 모둠 친구들을 이끌어 정답을 맞추고 싶어 합니다. 그러다 보니 같은 모둠의 다른 학생들 의견을 무시하는 모습이 교실에서 종종 발견됩니다. 처음 한두 번은 이해해줄 수 있으나, 이런 행동들이 반복되면 문제가 발생합니다. 의견을 무시당하거나 반대 입장을 가진 학생은 기분이 상하게 되면서 자연스럽게 갈등이 생길 수밖에 없습니다.

둘째, 평상시 친구 관계도 이유가 될 수 있습니다. 같은 반 친구들이지만, 그 안에서도 본인과 친한 친구들이 있고 그렇지 않은 친구도 있습니다. 학생들 입장에서도 나랑 잘 맞는 친구, 나랑 친한 친구와 같은 모둠이 되었을 때와 나랑 맞지 않는 친구, 친하지 않는 친구와 모둠이 되었을 때의 반응과 참여도는 완전히 다릅니다. 함께 의견을 모아가면서 해결해야 하는 모둠 활동인데 시작부터 어긋난 상태로 진행이 되기 때문에 중간 중간 갈등이 생기고 시간이 흐를수록 싸움으로 이어질 가능성이 있습니다.

셋째, 1등 욕심, 반드시 이기려고 하는 승부욕 때문입니다. 사실 앞서 언급한 2가지 경우도 모두 승부욕의 영향이 큽니다. 각자 생각하는 정답이 다를 수도 있고, 다를 수 있음을 인정하면 되지만 학생들 입장에서는 쉽지 않은 부분입니다. 아는 문제라면 '정답을 무조건 맞춰야 해.' '우리가 꼭 1등해야 해.'라는 마음이 있는 순간 모둠 활동이든 놀이 활동이든 활동 그 자체에 재미를 느끼지 못하고, 경쟁이 시작되면서 여유가 사라집니다. 1등, 승리만 생각하다 보니 같은 모둠, 같은 편의 친구라도 실수를 용납하지 않고, 그러다 보면 모둠 구성원들끼리 갈등이 생기게 됩니다.

모둠 활동을 하는 이유 알기

그럼 가정에서 자녀들에게 어떤 부분을 미리 지도하면 좋을까요?

모둠 활동을 하는 이유와 함께 올바른 자세에 대해서 미리 알려주세요. 실제 교실에서 같은 상황에 처하게 되었을 때, 훨씬 부드럽고 침착하게 대응하여 원만한 친구 관계를 형성하는 데도 큰 도움이 된다고 생각합니다. 교실에서 모둠 활동을 하는 이유는 친구들과 서로 협력하여 하나의 목적을 달성하기 위함입니다. 이를 통해 서로 협동하고 의사소통하는 과정을 거쳐 하나의 결과에 도달하는 기쁨을 맛볼 수 있는 기회를 제공합니다.

또한 사람마다 잘하는 부분이 다 다르다는 것도 알려주시면 좋겠습니다. 누군가는 학습 내용을 정확히 알고, 누군가는 상식을 많이 알고, 또 누군가는 놀이나 음악 등에 자신이 있을 수 있습니다. 상대가 자신보다 모르는 부분에 초점을 두어 무시하거나 구박하지 말고,

친구들의 장점과 잘 알고 있는 부분들을 인정하고 존중해줄 수 있도록 지도해주세요.

마찬가지로 같은 모둠 친구들을 한결같은 자세로 대할 수 있도록 안내해주세요. 자신과 친하다고 해서, 공부를 잘하기 때문에 그 친구의 입장을 무조건 받아들이고 의견을 존중해주고, 자신과 친하지 않다고 해서, 공부를 못한다고 해서 그 친구의 의견을 무시하는 것은 일관성이 없습니다. 같은 모둠원이라면 관대한 마음을 지니고 일관된 자세를 유지해주어야 합니다. 무엇인가를 판단할 때 친구의 좋고 싫음에 의해서 옳고 그름이 결정되는 안타까운 상황이 결국 친구들 간의 갈등으로 이어지기 때문입니다.

친구와 다툼이 생기면
어떻게 해야 할까요?

혹시 자녀가 학교에서 친구와 싸우고 집에 온 적이 있나요? 있으신 분들은 그 당시의 기억을 떠올려보시고, 아직 그런 경험이 없으신 분들은 어떻게 대처할지 먼저 고민해보면 좋겠습니다. 구체적인 방안을 안내해드리기 전에 우리의 목적을 한번 떠올려보죠. 자녀의 행복한 학교생활 및 자녀의 성장입니다. 그렇죠? 그럼 다툼이 생겼을 때도 주체가 되어야 하는 사람은 '학부모'가 아니라 '학생'이어야 합니다. 그렇기에 상황에 대한 판단, 해결 방안 등은 어른이 하지 않고, 학생 스스로 생각하고 결정할 수 있도록 옆에서 도와줘야 합니다.

첫째, 자녀에 대한 걱정이 우선이고, 그러고 나서 상황을 충분히 이야기할 수 있도록 해주세요.

자녀가 친구와 싸웠다고 말하는 순간, 부모님의 마음은 속상하기도 하고 분명 화도 나실 겁니다. 그러나 많은 말들을 다 제쳐두고 부모님이 제일 먼저 취해야 할 자세는 공감과 걱정입니다. 사실 친구와 싸워서 가장 속상한 당사자는 자녀입니다. 마음은 괜찮은지, 혹시 어디 다친 곳은 없는지 물어보고 파악해주세요. 그리고 자녀가 진정이 된 상태라면 그날 있었던 일에 대해서 이야기를 나누면 됩니다. 다만, 이 과정에서 피해야 할 행동은 싸웠다고 말하는 순간 "친구들이랑 사이좋게 지내랬지.""학교에서 또 싸우기나 하고."등의 잔소리나 꾸중입니다. 자녀가 자신에게 있었던 일을 말하는데 이것이 잔소리로 연결되면 다음번에는 또 그런 일이 있어도 부모에게 말하지 않게 됩니다.

둘째, 자녀가 하는 이야기를 모두 듣고 나서 질문을 해주세요.

자녀가 어느 정도 마음이 진정되었더라도 당시 상황을 떠올리면 다시 감정이 격앙될 수도 있습니다. 학부모님께서 듣다가 이해가 가지 않는 부분이나 궁금한 사항들에 대해서 다시 물어봐주시면 됩니다. 자녀가 주관적으로 말을 하든 객관적으로 말을 하든 이 부분은 사실 중요하지 않습니다. 학생 스스로는 왜 싸움이 발생했고, 누가 잘못했는지 등을 정확히 알고 있을 테니까요. 질문을 하는 자체가 학부모님의 상황 파악을 위해서도 있지만, 더 중요한 것은 자녀가 그 상황을 되돌아보게끔 하는 기능을 합니다. "그 상황에서 왜 화가 났니?" "그 친구는 왜 그랬을까?" 등등 자녀가 그 상황을 돌아볼 수 있는 적절한 질문을 해주면 됩니다. 여기서 조심해야 하는 부분은 바로 학부모님의 섣부른 판단입니다. "네가 잘못했네." "그 친구가 잘못했네." 등의 판단은 단기간에는 해결되는 것처럼 보이지만 학생에게 도움이 되는 부분이 없습니다.

셋째, 판단이나 대처, 해결 방안도 학생이 선택하도록 해주세요.

학부모가 잘잘못을 따져주고 서로 화해시켜주는 것은 자녀를 위해 효과적인 방법이 아닙니다. 앞으로 비슷한 상황이 발생했을 때를 대비하여 학생 스스로 생각하고 선택할 수 있는 기회를 주어야 합니다. "너는 어떻게 했으면 좋겠어?" "화해하고 싶은 마음이 있다면 내일 어떻게 해야 할까?"처럼 학생이 생각할 수 있도록 방향만 제시해주고, 화해 여부나 구체적인 행동은 직접 선택하게 해주세요. 이런 방식은 점차 청소년기를 지나 어른이 되는 과정에서 타인과의 갈등 상황을 해결하는 데 있어서 좋은 밑거름이 될 수 있습니다.

넷째, 이후에도 꾸준히 관심을 보여주시고 칭찬해주세요.

자녀가 해결 방향에 대해서 결정하고 다음날 실천을 약속했다면, 지속적으로 자녀의 행동에 대해서 관심을 가져주는 겁니다. 다음날 학교에서 하기로 한 행동(사과, 화해 등)을 했다면 칭찬과 격려는 필수입니다. 앞으로도 그 행동에 대한 강화가 될 수 있습니다.

칭찬할 때는 2가지 부분을 같이 언급합니다. 하기로 한 행동을 지킨 것에 대한 용기, 결단력뿐 아니라 친구와 화해하고자 하는 마음, 비록 싸웠지만 각자의 잘못을 인정하고 친구 관계를 유지하겠다는 그 마음도 함께 칭찬해주는 겁니다.

옛말에 '애들은 싸우면서 큰다'는 격언이 있습니다. 아이들끼리도 충분히 다툼이 있을 수도 있고, 갈등이나 싸움이 있을 수도 있습니다. 자연스러운 행동일 뿐입니다. 그러나 싸우고 나서 그대로 끝난다면 서로에게 마음의 상처만 남습니다. 부모님들께서 이런 상황을 슬기롭게 대처하여 신경써주신다면, 자녀도 친구와의 갈등을 통해서 더욱 성장한다는 점을 기억해주세요.

소극적이거나
내성적인 학생

친구 관계에서 다양한 걱정들이 있으실 텐데, 학부모상담을 하면서 가장 많이 질문해주신 것을 추려보았습니다. 소극적인 학생(내성적인 학생)에 대한 고민이 가장 크셨습니다. 이런 고민을 털어놓는 부모님께 제가 제일 먼저 여쭤보는 것은 바로 이 질문입니다.

"집에서는 어떤 모습인가요?"

대답은 2가지로 나뉘는데, 각 유형에 따라 말씀을 드립니다.

1. 집에서는 활발합니다. 할 말도 잘 하고 장난도 치고요.

2. 집에서도 비슷합니다. 차분하고 조용히 있어요.

먼저 1번의 경우에는 걱정할 필요가 전혀 없다고 대답을 합니다. 왜일까요? 학부모님께서 걱정하시는 부분은 자녀가 집에서는 엄청 활발한데, 학교에만 가면 왜 소극적이 되고 조용해지는지, 무슨 문제라도 있는 것이 아닐까 하는 마음입니다. 학생 입장에서는 집에서는 활발하게 지내는 것이 편하고, 학교에서는 이렇게 지내는 것이 편하기 때문입니다. 집에서는 태어나면서 지금까지 함께 지내온 가족이 있고, 교실에는 올해 처음 만난 친구들과 선생님이 있습니다. 이런 낯선 환경에서도 집에서와 똑같이 행동하는 학생들이 있는 반면, 변화된 환경에 맞춰서 생활하는 학생들도 있습니다. 누가 맞고 틀리고의 문제가 아니고 학생들의 성향에 따라 생활 패턴과 적응 방식이 바뀌는 것은 자연스러운 결과입니다.

2번의 경우에는 무엇이 걱정인지 되묻습니다. 이런 유형의 학부모님들은 자녀가 집에서도 비슷한 성향을 보이기 때문에 걱정은 아니지만, 자녀가 조금 변화했으면 하는 바람으로 말씀을 하십니다. "조금 적극적으로 행동하면 좋겠습니다." "목소리를 크게 하면 좋겠어요." 등이 대표적인 바람입니다. 물론 학교에서 교사가 학생을 지도하고 신경을 쓰면 표면상으로는 바뀌는 것처럼 보입니다. 발표할 때 목소리를 크게 내려고 노력하지만, 실제 내면적인 성향이 변화하지는 않을 가능성이 높습니다.

그럼 어떻게 신경을 써줘야 할까요? 교사-학부모가 힘을 합쳐 학교에서도 가정에서도 학생이 조금 변화할 수 있도록 신경을 써주는 것도 필요하지만 이보다 더 중요한 것은 '학생의 마음'입니다. 자녀가 지금 상태가 편하다면 억지로 바꾸는 것은 부작용을 불러일으킬 수 있습니다. 몸에 맞지 않는 옷을 입히는 셈입니다. 스스로 조금 더 적극적으로 변화하고 싶다는 마음을 지니는 것이 우선이고, 그래야만 주위에서 신경써주는 것을 자연스럽게 받아들이고, 직접 실천에 옮길 수가 있습니다.

가정에서는 어떤 부분을 신경써주면 좋을까요? 학생들의 자존감을 올려주고, 성취감을 계속 맛보게 해주세요. 소극적인 학생들한테서는 다음과 같은 몇 가지 사항들이 발견됩니다.

1. **실수를 두려워한다.**
2. **지나치게 조심한다.**
3. **'틀리거나 잘못되면 어떡하지?'라는 걱정을 먼저 한다.**

4. 주위 시선을 많이 신경 쓴다.

5. 그러다 보니 선택을 잘 못한다.

교실에서 보이는 행동들은 저학년 학생일수록 가정생활의 영향을 많이 받았을 가능성이 높습니다. 고학년도 일부 가정생활의 바탕 속에서 점차 학교에서 받은 경험 등으로 변화합니다. 가정에서 학생들이 자신감과 성취감 등을 가질 수 있는 여러 방안들을 제시할 테니 부모님들이 조금씩 도와주세요.

1. 자녀의 말에 귀 기울여주세요.

➡ 자신의 의견을 누군가 들어주는 행동이야말로 말하는 데 있어 굉장한 힘으로 다가옵니다.

2. 작은 사항이라도 직접 선택하게 하세요.

➡ 계속 부모님이 대신 선택해주면 앞으로 여러 선택을 할 때 많은 고민을 하게 됩니다.

3. 가족 〈 친척 〈 동네 사람 등으로 말할 수 있는 범위를 조금씩 확장시켜주세요.

➡ 친한 사람이든 낯선 사람이든 자신의 의견을 말할 수 있는 기회를 제공해주어야 합니다. 그래야 교실에서 많은 학생들 앞에서, 더 나

아가 낯선 사람들 앞에서도 자신의 의견을 당당하게 말할 수 있습니다.

4. 행동의 결과에 대해 칭찬과 피드백을 해주세요.

➡ 성공 성취감을 계속 느껴보면서 성취의 기쁨을 알아야 합니다. 그래야지 앞으로도 용기를 내어 같은 행동을 반복 및 지속할 수 있습니다.

5. 자녀를 믿어주세요.

➡ 부모님이 자신을 믿어준다는 확신이 있어야, 다른 사람들 앞에서도 자신감 있게 행동할 수 있습니다.

쉬는 시간에
혼자 노는 학생

"우리 아이는 학교 쉬는 시간이나 집에서도 거의 혼자 놀아요."라는 고민도 많이 나오는 걱정 중 하나입니다. 혼자 노는 것을 좋아하는 학생의 경우는 앞에서 나왔던 소극적인 학생의 유형과 비슷한 부분도 있고 확연하게 다른 부분도 있기 때문에 구분을 정확히 해줄 필요가 있습니다. 그래서 저는 학부모님께 이렇게 여쭤봅니다.

"학생이 집에서도 (또는 방과 후에도) 혼자 노는 것을 좋아하나요?"

이렇게 질문을 하는 이유는 '혼자 노는 것'에 대한 걱정과 고민의 주인이 학생이냐? 학부모냐?를 파악하는 데 중요하기 때문입니다. 답변 유형과 함께 어떤 것이 문제가 되는지 알아보겠습니다.

1. 친구들과 어울리고 싶은 마음인데, 그러지 못해서 혼자 노는 학생

➡ 이 상황은 안타까운 상황이고 학생 입장에서 굉장히 큰 고민과 스트레스입니다.

2. 혼자 노는 것이 편하고 좋아서 혼자 노는 학생

➡ 학생 입장에서는 문제 상황이 아니지만, 부모님이 걱정하는 상황입니다.

1번의 경우에 해당하는 학생이 제일 안타까운 상황입니다. 친구 관계에서 먼저 다가가지 못해, 혼자 노는 것에 익숙해졌을 수도 있습니다. 앞에서 설명해드린 첫인상, 친구 관계 다가가기, 자존감 늘리는 방법 등을 참고하시고 그 외 도움 되는 몇 가지를 더 말씀드리겠습니다.

첫째, 우선은 많은 학생들을 목표로 하기보다는 단짝 친구를 찾습

니다.

혼자 있는 데 익숙한 학생들이 단번에 시끌벅적한 모임에 접근하여 함께 어울리는 것은 쉽지도 않을 뿐더러 학생도 적응할 수가 없습니다. 먼저 자신과 가장 성향이 비슷한 학생과 친해지는 방법입니다. 교실에는 정말 신기할 정도로 취미 생활이 비슷한 학생들이 있고, 서로 성향마저 닮은 학생들이 있습니다. 혼자 노는 것을 좋아하는 학생들 중에서도 조용히 자리에 앉아있거나, 독서를 하거나, 그림을 그리거나 낙서를 좋아하는 학생, 게임을 좋아하는 학생 등 굉장히 다양한 취미가 존재합니다. 다만 서로 다가가지 않는 성격이기 때문에 상대가 어떤 성향인지, 무슨 취미를 가지고 있는지를 모를 뿐입니다. 누군가 용기를 내어 물꼬만 한번 트게 되면, 절친한 친구가 되는 것은 시간문제입니다. 교직 생활하면서 이렇게 조용한 친구들끼리 성향이 잘 맞고 정말 친한 친구가 되는 경우를 매년 봐왔습니다.

둘째, 담임선생님께 말씀드려주세요.

학생의 상황을 담임선생님께 알려주시는 것이 가장 효과적일 수도 있습니다. 담임선생님은 학생이 조용하거나 주로 혼자 있다는 부분을 이미 파악하고 도움을 줄 수 있는 여러 방법을 생각하고 있을지도 모릅니다. 그러나 학생이 어떤 상황인지, 혼자 있는 것을 좋아하는데 괜한 간섭이 될지 모르기 때문에 섣부르게 담임이 주도하기가 어렵습니다. 이럴 때 담임선생님께 상담 요청을 하셔서 자녀의 상황, 성향이 맞는 학생, 친해지고 싶은 학생 등을 살짝 귀띔해주시면 학생들에게 티나 나지 않는 범위에서 자연스럽게 연결을 시켜줄수 있습니다. 교실에서 그 누구보다 학생들을 도와줄 수 있고, 많은 신경을 쓰고 있는 사람이 바로 담임이니까요.

셋째, 의도적인 모임이나 단체 활동에 속하게 해주는 것도 방법입니다.

학생 혼자서 자발적으로 친구에게 다가가거나 새로운 친구를 형성하는 것을 어려워하기 때문에 누군가 도와줘야 합니다. 두 번째의 경우가 교사의 도움이었다면 이번에는 학부모님의 지원입니다. 예를 들자면 청소년단체 활동이 있습니다. 청소년단체 활동의 경우에는 학년별 또는 다양한 학년으로 조 편성을 하고 1년간 다양한 활동 및 체험을 하러 다닙니다. 1박 2일, 2박 3일 숙박형 캠프도 많이 진행하기 때문에 학생들이 어울려서 생활할 수밖에 없습니다. 게다가 그 단체에 같은 학년 또는 같은 반 친구가 있다면 엄청난 도움이 됩니다. 그 친구를 통해 학급의 다른 친구와도 어울릴 수 있습니다. 선배와 후배 등도 함께 있기에 사회성도 기를 수 있는 좋은 기회입니다. 저학년의 경우에는 학부모님들 모임에 나갈 때 자녀를 데리고 가는 것도 굉장히 효율적이라고 생각합니다. 저학년일수록 자주 보고 마주치는 것만큼 자연스럽게 친해지는 방법이 없습니다. 이렇게 친해진 학생들은 학년이 올라가도 계속 부담 없이 편한 사이가 될 수 있습니다.

동성 친구보다
이성 친구와 어울리는 학생

"5초 드리겠습니다. 자녀와 친한 친구 3~5명 정도 말해주세요!"

막힘없이 대답하셨다면 축하를, 혹시 그렇지 않다면 위로와 격려의 말씀을 드립니다. 후자의 학부모님께서 자녀의 친구 관계에 대해 더 많은 고민과 걱정이 있을 거라는 생각이 들었습니다. 자녀와의 대화가 부족해서인지, 자녀가 친한 친구가 없어서인지 등의 근본적인 이유를 파악해봐야겠지만요.

"그럼 다음 질문, 언급한 이름 중에 동성 친구와 이성 친구 중 어느 쪽이 더 많나요?"

아마 대부분 동성 친구와 어울리는 학생들이 많을 것이라 예상됩니다. 그러면 이성 친구와 잘 어울리는 학생들이 문제가 있는 것인가요? 절대! 그렇지 않습니다. 위와 같은 유형의 학생이 교실에서 많은 편은 아니지만, 여기에 속하는 학생들의 학부모님들께서는 많은 걱정을 하셨습니다. 교실에서 학생들의 전반적인 관계와 동성 친구보다 이성 친구와 어울리게 되는 이유를 참고하셔서 조금이라도 마음이 놓이셨으면 합니다.

여학생이라고 해서 여학생들과 어울리고, 남학생이라고 해서 남학생들하고만 어울리는 시대는 아니긴 합니다. 성역할에 대한 구분도 사라져가고 있고, 교실 내 성에 따른 역할 구분도 없어지고 있는 추세입니다. 그럼에도 불구하고 교실에서는 가장 크게 2그룹으로 구분됩니다. 남학생 그룹과 여학생 그룹입니다. 동성 친구끼리 느끼는 동질감도 있고 이성을 대하는 것보다 마음이 편안한 것도 영향이 있습니다. 그렇다고 남학생, 여학생이 완전히 내외하는 것도 아니고 함께 잘 어울리기도 합니다. 그러나 가끔 동성 그룹보다 이성 그룹과 어울리고 싶어 하는 학생들도 있습니다. 어떤 이유들이 있는지 살펴보시고, 자녀의 상황에 맞게 신경 써주시면 되겠습니다.

첫째, 단순 이성에 대한 관심이 생기기 때문입니다. 이는 저학년보다 고학년 학생들에게 많이 나타나는 특징입니다. 사춘기에 접하게 되면서 외모와 이성에 대한 관심이 매우 높아지는 시기입니다. 학부모님께서는 일시적으로 나타나는 현상인지, 지속적으로 이어지는 현상인지 구분해주세요. 일시적인 현상은 성장하는 단계에서 자연스러운 과정이라고 생각해주세요. 후자의 경우라면 이성에 대한 관심으로 인해 학업이나 생활에 영향을 끼치는지를 확인하셔서 적절한 선을 유지할 수 있도록 지도해주시면 좋겠습니다.

둘째, 취미나 좋아하는 활동이 비슷하기 때문입니다. 여학생은 공기놀이, 남학생은 축구 등 이런 구시대적인 성별에 따른 역할은 사라졌습니다. 그러나 일부 학생들 마음에는 은연중에 그런 편견이 남아있는 경향이 있습니다. 교실에서 학생들을 보다 보면 종종 "남자애가 무슨 공기야~." "여자가 무슨 축구를 해." 이런 말이 들릴 때가 있습니다. 이로 인해 자녀가 속상한 일이 발생할 수 있습니다. 학교에서도 당연히 관련된 내용을 학생들에게 교육을 하지만, 가정에서도 자녀가 잘못된 것이 아니라는 점을 당부해주시고, 위와 같은 고정관념과 편견이 심어지지 않도록 노력해주세요. 그리고 주변에 자신과 같은 취미 활동을 가진 학생들을 찾아서 즐겁게 좋아하는 활동을 했으면 좋겠습니다.

셋째, 본인이 지내온 환경 및 성향과 잘 맞기 때문입니다. 이는 부모님과의 관계, 형제자매의 관계에 따라 일부 영향이 있습니다. 가족구성원과 함께 지내는 시간, 소통 횟수, 소통 방법 등의 차이입니다. 누나나 여동생이 있는 남학생의 경우, 여학생들과 소통을 더 자연스럽게 할 수 있고, 오빠나 남동생이 있는 여학생은 남학생과의 소통이 편할 수 있습니다. 비슷한 맥락으로 아빠와의 소통이 원활하고 자연스러운 학생들은 처음 남자담임선생님을 만나더라도 전혀 부담스러워하지 않는 경우가 많았습니다.

친구 관계를 맺을 때
부모가 알려주면 좋은 것들

학교에서 친구 관계에서의 주체는 학생입니다. 학부모가 구체적인 상황마다 하나씩 다 알려줄 수는 없고, 직접적인 개입이 힘든 상황도 있습니다. 그렇기 때문에 친구 관계에서의 마음가짐이나 태도 등에 대해서 종종 언급해주시면 도움 되는 사항들을 정리해보았습니다. 학교에서의 친구 관계에 집중하여 말씀드리겠습니다.

다양한 친구 vs 단짝친구

다양한 친구를 만나는 편이 좋으신가요? 아니면 단짝 친구가 있으면 좋으신가요? 학생들 중에는 전자의 친구들도 있고, 후자의 친구들도 있습니다. 성향의 차이인 것입니다. 그러나 어른들의 가치관에 따라서 "초등학교 때는 무조건 다양한 친구들을 만나봐! 그래야 좋은 친구, 나쁜 친구를 구분하게 되는 눈을 가질 수 있어."라고 알려주는 사람도 있고, 반대로 '친구 많아도 결국 별로 소용없어.' '마음이 정말 잘 맞는 친구 몇 명만 있으면 돼.'라고 생각하는 사람도 있습니다.

결국 선택은 '학생'이 합니다. 따라서 어른의 생각을 강요하는 것은 잘못된 방법입니다. 학생이 자유롭게 자신에게 맞는 방식을 선택할 수 있도록 다양한 관점을 알려주시고, 이런 측면도 있다며 시야를 넓혀주시면 됩니다. 이 정도가 부모의 역할인 것 같습니다. 친구를 사귀는 방법에 따른 장단점을 정리해보겠습니다.

	다양한 친구 만나기	단짝 친구 만나기
장점	• 폭넓은 친구 관계를 유지할 수 있음 • 나랑 맞는 친구, 맞지 않는 친구를 골고루 만나면서 대응하는 방법을 알게 됨 • 특정 친구에 구속받지 않음(A가 바쁘면 B,C,D랑 놀면 됨)	• 속마음과 고민을 터놓을 수 있음 • 친구 관계에 있어 스트레스를 받지 않음
단점	• 마음을 터놓을 친구가 없음 • 폭넓은 관계를 유지하다 보니 스트레스를 받는 경우가 많음	• 다양한 친구를 만나지 못함 • 단짝 친구와 갈등이 생기면 많은 부분에 지장이 생길 수 있음

장난 vs 학교폭력

　학교폭력은 정말 심각한 사안입니다. 학교에서도 많은 신경을 쓰면서 학생들에게 다양한 예방교육을 지속적으로 하고 있습니다. 설문도 진행하고 상담도 하지만 무엇보다 학생들 스스로가 학교폭력인지 아닌지를 구분할 수 있는 분별력이 생겨야 합니다. 가해 학생들이 흔히 하는 말이 "저는 장난이었어요."입니다. 피해 학생의 입장에서도 친구의 행동이 장난의 목적인지 나를 괴롭히기 위한 목적인지 구분이 쉽지 않아서 교사나 부모님께 말을 못 했을 가능성도 있습니다.

	구분
장난	• 두 사람 모두 기분이 좋은 상황 • 웃으며 그만두라고 할 때 행동을 멈춤
학교폭력	• 장난치는 사람만 기분이 좋고, 반대의 학생은 기분이 나쁨 • 그만하라고 말을 해도 무시하고 끝까지 반복함

※ 학생들의 이해를 돕기 위한 표현입니다. 학교폭력은 단순 신체폭력뿐 아니라 정신적, 재산상의 피해 모두를 포함합니다. 당한 사람이 장난이 아니라고 느끼면 학교폭력이 될 수 있습니다.

금전적인 문제

금전적인 문제도 애매한 경우가 있습니다. 어른들 사이에서도 돈 거래는 하는 것이 아니라는 말이 있듯 학생들 사이에서도 돈 문제가 종종 발생합니다. 학생들 군것질거리나 물품 구입, 친구들과 맛있는 음식 사먹으라고 용돈 가끔 주시죠?

제가 몇 가지 예시를 들어볼 테니 각각의 상황이 어떤 것이 다른지, 자녀에게 어떻게 지도해주시면 좋을지 한번 생각해봅니다.

> **상황 1** : 자녀가 하교하다가 배가 고파 편의점에 들렀습니다. 옆에 있던 친구가 따라와서 배가 고프다면서 "자신의 것도 사줄 수 있는지" 물어봅니다. 그래서 친구 간식을 사줬습니다.
>
> **상황 2** : 같은 상황에서 친구가 "다음번에는 내가 사줄게."라고 말을 합니다.
>
> **상황 3** : 같은 상황에서 친구가 "돈으로 빌려주면 내가 사먹고 갚을게."라고 말을 합니다.

이럴 경우, 자녀에게 어떻게 행동하라고 알려주는 것이 좋을까요? 친구 사이에 그 정도 소액 가지고 치사한 것 아니냐고 할 수는 있지만, 누군가에게는 소중한 용돈입니다. 또한 처음에는 소액으로 시작하다가 점차 금액이 올라가도 자연스러운 행동이 되기 때문에 초반에 명확히 알려주는 것이 좋습니다.

항상 기준은 누구라고 했나요? 학생입니다.

상황 1에서 자녀가 '나랑 친한 친구니 흔쾌히 사줘야지.'라고 생각하면 괜찮습니다. 자신의 용돈을 쓰면서 친구와 기쁨을 나눴으니까요. 그러나 똑같은 상황이 반복된다면 부모님께서 그만두도록 지도하셔야 합니다. 친구 관계는 일방적이면 쉽게 깨질 수 있기 때문입니다.

간혹 친구들과 쉽게 어울리지 못하는 학생은 돈으로 친구를 사귀는 경우가 있습니다. 매번 맛있는 음식을 사주고, 학용품을 선물하는 등으로 우정을 유지합니다. 돈으로는 친구의 마음을 그 순간만큼은 얻은 것 같지만 절대 그렇지 않습니다. 단순하게 돈만 보고 친구를 이용하는 학생들도 있기 때문에 더 조심해야 합니다.

상황 2, 3의 경우에는 다음번을 기다려보면 됩니다. 정말 말한 것처럼 다음번에 친구가 사고, 다음날 바로 돈을 갚는다면 아무런 문제가 발생하지 않습니다. 그러나 다음번에도 "아, 미안! 깜빡했어. 다음번에는 진짜 내가 살게!" "내일은 진짜 진짜 가져올게."라고 말을 하면서 계속 약속을 지키지 않는다면 그 친구들에게는 약속을 지키거나 돈을 갚는 것이 먼저라고 자녀에게 알려주셔야 합니다.

그러나 학생 입장에서 친구에게 "못 사준다"라는 말을 하기가 정말 어렵습니다. 이런 경우에는 부득이하게 다른 이유를 말하라고 알려주세요. 예를 들어 "엄마가 집에 와서 간식 먹으라고 하셔서 편의점에 못 가."라거나 "부모님이 딱 1개만 먹을 수 있는 용돈만 주셔서 애매하네." 등 학생은 사주고 싶지만 그러지 못하는 마음을 표현하는 방법을 알려주시면, 자녀의 마음도 한결 편해질 것입니다.

감정을
다루는 방법

친구 관계를 포함하여 사람과 관계를 맺음에 있어 자신의 감정을
정확히 다루는 방안을 터득해야 합니다. 교실 생활에서는 특히나 혼
자 지내는 시간이 없습니다. 항상 주위에 친구들이 있고, 수업 시간
이든 쉬는 시간이든 활동을 할 때도 혼자보단 함께하는 활동과 시
간이 많습니다. 그러다 보면 자신의 뜻대로 되지 않는 상황도 발생
하고, 다른 사람으로 인해 화가 날 수도 있습니다. 이런 상황들이 쌓
이다 보면 친구들 사이에서 갈등이 발생하고, 갈등이 잘못 표출되거
나 해소되지 않으면 싸움으로 이어집니다.

저는 교실에서 학생들이 기쁘면 웃고, 속상하면 울고, 화가 나면

소리 지르는 등의 행동이 자연스럽다고 생각합니다. 다만, 본인은 그렇게 표현하지만 상대방은 그 의도를 잘못 받아들일 수 있기 때문에 문제가 발생합니다. 따라서 감정을 표현하고 다루는 데 있어서 이 2가지를 자녀들에게 교육시켜주시기를 권해드립니다.

첫째, 자신의 감정을 표현할 때는 '상대방의 행동 + 자신의 감정 표현' 이렇게 2가지를 함께 말하면 좋습니다. 보통 학생들끼리 싸울 때 자주 하는 표현들이 "너 때문이야." "네가 먼저 그랬잖아."입니다. 자신의 잘못이 없을 수도 있지만, 대개 잘못의 기준을 '나' 자신이 아닌 '상대'에게 넘깁니다. 상대방은 자신의 어떤 행동으로 인해 그 친구가 화가 났는지 모릅니다. 다짜고자 자신을 구박하니 화가 날 수도 있습니다. 상대를 탓하는 것이 아니라 상대가 한 '행동'을 언급해주세요.

> 예 1 : 네가 함부로 내 물건에 손을 대니까(행동) 내 기분이 나
> 빠(감정).
> 예 2 : 그만하라고 말하는데도 네가 자꾸 나를 놀려서(행동)
> 화가 나(감정).

나의 감정을 불편하게 하는 상대의 행동들을 그만두게 하는 것이

목적입니다. 상대가 행동을 멈추면 나의 감정이 상할 리가 없다고 표현해주는 것입니다.

그런데 이렇게 말하지 않고 네 탓이라고 말하면 상대 자체에 대한 거부감, 싫음으로 오해할 수 있기 때문에 상대가 쉽게 받아들이기 어렵습니다.

둘째, 자신이 감정이 치밀어오르는 이유가 '누구' 때문인지 정확히 파악해야 합니다. 쉬운 설명을 위해서 '화 또는 짜증'을 예로 들어보겠습니다. 사람마다 감정을 받아들일 수 있는 한계가 다릅니다. 같은 상황에서도 누구는 화를 내지 않고, 또 누군가는 화를 내는 것도 이러한 차이입니다. 받아들일 수 있는 정도를 쉽게 물컵으로, 상대의 놀림, 짜증, 불쾌한 감정을 물이라고 비유해보겠습니다.

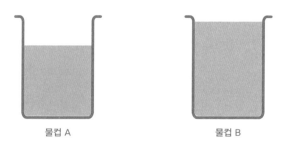

물컵 A   물컵 B

물컵 A에는 아직 공간이 있고, 어느 정도의 물을 더 담을 수 있는 상태입니다.

물컵 B는 물이 가득 담겨 더 이상 물을 담아낼 수 없는 위태위태한 상태입니다. 이 상태에서는 물을 한 방울만 추가해도 넘쳐흐르게 됩니다. 즉, 더 이상 감정을 참지 못하고 폭발하는, 또는 화를 내는 상태입니다. 여기서 문제가 발생합니다.

이전에 물컵에 100만큼 채운 사람에게 화를 내는 것이 아니라 마지막에 한 컵 쏟은 사람에게 모든 감정을 표출합니다. 부모님들도 비슷한 경험들이 있으시리라 생각합니다. 부모님들간의 문제, 또는 친구 관계로 스트레스가 가득 찬 상태에서 자녀가 무엇인가 하나를 잘못하거나 실수했을 때, 자녀를 구박하거나 혼낸 적 있지 않으신가요? 평상시 마음이 차분한 상태였다면 단순히 얘기만 하고 넘어갈 수도 있는 상황인데 이미 물컵에는 물이 많이 쌓여 있었기 때문에 자녀에게 폭발을 하게 된 것입니다.

학생들도 마찬가지입니다. 학교에서 있다 보면 여기저기서 다양한 스트레스를 받게 됩니다. 그러나 자신이 화가 나게 되는 이유가 누구 때문인지를 정확하게 파악하고 그 대상에게 표현을 하는 연습을 하면 좋겠습니다.

짝을 바꾸는
이유

담임선생님들마다 다르지만 보통 1달에 1번 정도 교실에서 자리를 바꿉니다. 짝을 바꾼다고도 하죠. 학생들이 정말 기다리는 시간이기도 하고 설렘과 걱정이 공존하는 활동입니다. 학생들이 자신들이 앉고 싶어 하는 친구들과 앉게 하는 경우도 있지만, 대부분은 그렇지 않습니다. 선생님께서 지정을 해주시거나 랜덤으로(추첨, 번호 등) 배정하는 경우가 대다수입니다.

  그럼 대체 왜 앉고 싶은 학생끼리 못 앉게 하고, 짝에게 적응될 때쯤 주기적으로 짝을 바꾸는 걸까요? 이유와 함께 학생들이 자리 바꿀 때 가졌으면 하는 마음가짐도 함께 안내해드리겠습니다.

자리를 바꾸는 가장 큰 이유는 '학생 본인'을 위해서입니다. 다양한 유형의 친구들을 만나볼 수 있는 기회입니다. 나랑 친한 친구가 아니라 다양한 유형의 학생들을 만나는 것이 학생에게 어떤 도움이 될까요? 오히려 더 싫어할 수 있지 않나요? 맞습니다. 어색할 수도 있고, 친한 친구보다는 마음이 덜 편할 수 있습니다.

교실 생활은 결국 사회생활의 축소판이며 친구 관계는 인간관계로 이어집니다. 나랑 맞는 학생과 짝을 해보고, 나와 맞지 않는 학생과도 짝을 해보면서 함께 지내는 방법을 터득할 수 있습니다. 의사소통하며 마찰, 갈등도 함께 겪어가면서 상대에 따라 본인이 어떻게 행동하면 좋을지를 생각하면 결국 학생 본인이 성장하게 됩니다. 자연스럽게 어떤 학생이 와도 불편함을 느끼지 않는 학생이 되었으면 좋겠습니다.

특히 학생들은 자리가 바뀌고 짝을 보는 순간 10명 중 절반 이상은 "아…"라는 탄성이나 아쉬움을 표현합니다. 제가 가장 안타까워하는 부분이 학생들의 이런 모습을 보는 순간입니다. 그렇기 때문에 활동하기 전에 짝을 바꾸는 이유, 마음가짐 등을 먼저 지도하고 이해시키고 나서 시작합니다. 학생들이 아쉬움을 표현하는 원인을 찾았더니 '내 옆에는 ○○이가 오면 좋겠다'라는 마음을 가지고 있었기 때문입니다. 학생 누구나 앉고 싶은 학생이 있는 것은 당연하고 자연스럽습니다. 그러나 이런 마음가짐을 가지고 자리 바꾸기를 참여한다면 아쉬움이 남을 수밖에 없습니다. 학급당 25명이라고 가정한다면 그 친구가 내 짝이 될 가능성은 1/24, 극히 희박한 확률입니다. 반대로 내가 원하지 않는 친구가 옆에 앉게 될 가능성은 23/24입니다. 자연스럽게 누가 와도 마음에 들지 않는 상황입니다. 그래서 학생들에게 '내 옆에 누가 와도 괜찮아.'라고 생각을 하게끔 지도합니다. 짝이 누가 오든 그를 통해 배울 점이 있고, 본인을 성장시킬 수 있는 기회라고 생각한다면 마음이 편안해질 것입니다.

두 번째 이유는 '다른 학생'들을 위해서입니다. 다양한 친구를 만날 수 있다는 목적은 같지만 '본인'이 아니라 '다른 학생'을 위하는 것이 차이입니다. 학급에는 학생별로 다양한 수준이 있습니다. 생활 측면에서도 차이가 있고, 학습 측면에서도 차이가 있습니다. 학생마다 자신 있거나 좋아하는 과목이 다르고 실력도 다릅니다. 그렇기 때문에 자리 바꾸기를 통해서 서로의 단점을 보완해줄 수 있는 학생들로 구성하는 경우도 있습니다. 예를 들어 교실에 수학을 잘하는 학생 2명과 수학에 어려움을 겪는 학생 2명이 있다고 생각해보겠습니다. 자리를 잘하는 학생끼리, 어려움을 겪는 학생끼리 앉으면 서로에게 아무런 도움을 줄 수가 없습니다. 이런 부분들을 보완할 수 있도록 자리를 바꾸는 이유도 있습니다. 물론 설명해주고 돕는 활동은 양쪽 학생 모두에게 큰 효과가 생길 수 있습니다. 또한 이렇게 단순히 짝뿐만 아니라 앞자리와 뒷자리까지 고려하면서 모둠 활동을 할 때도 성격이나 성적, 생활, 학습 많은 부분들을 고려하여 가장 좋은 시너지 효과가 날 수 있도록 자리를 바꾸기도 합니다.

나와 다른 친구와
함께하는 법

친구 관계 안내의 정리는 친구 관계를 대하는 마음가짐을 당부 드리고 끝내도록 하겠습니다. 초등학생들 개개인은 전부 각자의 개성을 지니고 있고, 자라온 환경도 다릅니다. 여기서 주의해야 할 점은 '틀리다'가 아니라 '다르다'입니다. 같은 학년, 같은 교실에 있는 것은 동일하지만 한 사람 한 사람은 전부 다른 학생입니다. 학생들이 점점 성장하면서 아래의 관점으로 발전하면 초등학생 시절 친구 관계에서 정말 많은 것을 느끼고 앞으로 사람들을 대하게 되리라 생각합니다.

'저 친구는 나빠.' '저 친구는 사고방식이 잘못되고 틀렸어.'

나쁜 사람, 틀린 학생은 없습니다. 이와 같은 생각을 하기 시작하면 그 친구가 하는 모든 말과 행동, 몸짓 하나마저 나쁘게 보이게 됩니다. 한번 나쁘게 보기 시작하면 끝이 없을 만큼 왜곡된 시선으로 친구를 바라볼 수 있습니다. 예를 들어, 나쁘다고 생각한 친구가 교실에서 시끄럽게 떠들거나 자신에게 장난을 칩니다. 그럼 이런 생각을 하고 있는 학생은 어떻게 행동할까요? "야. 시끄러! 조용히 좀 해!" "너 때문에 교실이 엉망이잖아" 등으로 반응하면, 상대 친구도 화가 나서 갈등이 심해지는 문제점으로 이어집니다.

'저 친구가 나쁜 것이 아니라 특정 행동이 잘못됐어'

앞에서 감정을 표현할 때도 말씀드렸습니다. 학생 자체가 싫고 미운 것이 아니라 해당 학생의 '특정 행동'이 싫은 것입니다. 그 행동이 나와 맞지 않기 때문에 그런 행동을 멈추길 바란다고 말했을 때 받아들여지면 좋은 친구 관계를 맺을 수 있습니다. 이런 생각을 가지면 같은 상황에서도 말하는 방식이 완전히 달라집니다. "○○야, 우리가 책을

읽고 있는데 네가 너무 크게 이야기를 하니까 책에 집중하기가 어려워." "우리 이야기 중인데 목소리가 너무 커서 잘 안 들려. 조금만 작게 말해줄 수 있어?" 이렇게 상대 친구를 지적하는 것이 아니라 특정 행동에서 변경을 요청합니다. 앞선 상황보다 받아들여질 가능성이 높아집니다.

'저 친구는 나랑 다른 점이 있구나.'

자신과 상대방 사이에는 서로 '다른 점'이 있고, '차이'가 있다는 것을 자연스럽게 받아들이는 사고방식입니다. 초등학생 때부터 이런 부분을 이해하는 자세를 지닌다면 인격적으로 정말 훌륭한 학생이 될 수 있습니다. 실제 교실에서 일부 학생들은 이런 생각을 하고 있습니다. 장난을 많이 치는 친구들, 주변을 귀찮게 하는 친구들이 있더라도, 그 친구들의 특성 그 자체로 받아들입니다. 상대방을 바꾸려고 하지 않고 '저 친구는 장난을 많이 치는구나.'라고 생각하고 넘기니 스스로도 스트레스 받지 않고, 상대 친구하고도 갈등이 생기지 않습니다. 물론 그 행동이 지나칠 경우에는 친구의 성향에 맞게 차분하게 말을 하게 되니, 상대 친구도 더 이상 반박하거나 싸우려고 하지 않습니다.

4장

행복해지는
학교생활의 비밀
: 학업 태도

공부를 해야 하는 이유를
스스로 찾게 도와주세요

공부를 왜 해야 한다고 생각하시나요? 혹시 자녀들과 그 이유에 대
해 이야기를 나눠본 적 있으신가요?

학생들 개개인마다 생각하는 것이 다를 테지만, 그렇다고 틀리거
나 잘못된 생각은 아닙니다. 어떠한 이유가 있다는 자체만으로 생각
을 하고 있다는 의미니까요. 이 '왜?'라는 이유가 결국 학생들을 계
속 공부하게 하는지, 포기하게 하는지에 대한 동기유발이 될 수 있
기 때문입니다. 그러나 '누가 하라고 해서'와 같은 외부 이유는 하라
고 강요하는 사람이 없어지면 더 이상 공부를 하지 않게 됩니다. 그
러니 '공부를 왜 하는가?'에 대한 답을 생각할 때는 외부 요인보다

는 어떤 이유에서든 학생 스스로 찾는 것이 좋다고 생각합니다.

그런데 초등 고학년, 중고등학교로 진학할수록 학교, 학부모, 학원 등을 통해 이런 동기들이 점점 외부 요인으로 바뀌어간다는 것이 걱정입니다. 학생들도 입시경쟁 때문에 어쩔 수 없다는 외적 요인을 찾지 말고, 결국 스스로 좋은 대학을 가기 위해서, 더 나은 삶을 살기 위해서 등의 내적 이유를 찾으면 좋겠습니다. 모든 것은 본인이 주인공이니까 말이죠.

공부는 왜 해요?

"선생님, 공부 왜 해요?"라는 질문을 저학년 담임을 하는 동안은 받아본 적이 없습니다. 고학년으로 올라갈수록 이런 질문을 많이 받으면서 그 이유를 분석해봤습니다. 고학년이 되니 수업 내용이 조금씩 어려워지고, 학원, 과외를 받으며 늘어난 학습량에 대한 부담감, 스트레스가 발생합니다. 자연스럽게 공부나 학습에 대한 부정적인 생각을 갖게 되죠. 그러다 보니 공부가 점점 어렵고, 본인에게 맞지 않는 것 같으니, '공부가 왜 필요할까?' '공부를 왜 해야 하지?'와 같은 의문이 생기는 것입니다. 물론 자신에게 맞는 진로를 찾았고, 그 꿈을 이루는 데 공부가 전혀 필요없는 경우는 제외입니다.

그럼 (학교)공부를 왜 해야 할까요? 저는 기본적으로 초등학교에서는 학업, 공부 스트레스보다는 생활지도나 학교에 대한 흥미, 적성 찾기 등이 우선되어야 한다고 생각합니다. 그래서 선행학습을 진행하는 사교육을 좋아하지 않습니다. 아래와 같은 이유로 초등학교에서 배우는 기초 학업 및 내용들은 반드시 알았으면 좋겠고, 이를 위해서 최소한 수업 시간만큼은 공부해야 한다고 생각합니다.

첫째, 학생 스스로의 자신감에 큰 영향을 미칩니다. 이 자신감은 학생의 학교생활, 교실에서의 모습에도 엄청난 관련이 있습니다. 학생들이 교실에 있는 시간을 크게 분류하자면, 수업 시간과 쉬는 시간(점심시간 포함)입니다. 먼저 수업 시간부터 살펴보겠습니다. 학교 공부를 하는 친구와 하지 않는 친구는 수업 시간 태도와 참여도 자체가 다릅니다. 전자에 해당하는 학생의 경우, 교사가 하는 말을 이해할 수 있고 자연스럽게 대화를 주고받으며 소통이 가능합니다. 적극적으로 손을 들고 발표까지 합니다. 모둠 활동을 하든 개별 활동을 하든 혼자서도 충분히 해낼 수 있습니다. 무엇을 해야 할지 어떤 방법으로 해결하면 될지 알고 있기 때문입니다.

반대로 후자에 해당하는 학생의 경우, 선생님이 질문하실까 두려워 눈도 마주치지 못 하고 조용히 앉아있습니다. 심지어 친구들과 모둠 활동을 하게 되어도, 자신은 무엇을 해야 할지 모르기 때문에 친구들의 눈치를 보며 스스로 위축되고 소극적으로 행동하게 됩니다. 결국 이런 행동은 수업 시간을 벗어난 쉬는 시간에도 영향을 미칩니다. 수업 시간이나 쉬는 시간이나 옆에는 학급 친구들이 있기 때문입니다. 수업 시간에 친구들에게 노출된 자신의 모습으로 인해 친구 관계에서나 놀이 활동에도 위축되는 학생들을 종종 봐왔습니다. 물론 학업과 자신감이 100% 관련 있는 것은 아니지만, 지금껏 지켜본 바로는 밀접한 연관은 있습니다.

자녀들에게 먼저 '학교에 가는 이유가 무엇인지'를 물어봐주세요. 공부하러 간다고 대답하는 자녀도 있을 것이고, 친구들 만나러 간다, 또는 놀러 간다는 대답도 많이 나올 거예요. 여태껏 저희 반 학생들의 대답도 후자가 훨씬 더 많았으니까요. 그러나 모든 대답들은 결국 자신감과 직결되어 있습니다. 자신감이 있어야 더 신나게 놀 수 있고, 친구 관계에서도 더 적극적으로 다가갈 수 있습니다. 자녀들이 생각하는 대답을 먼저 듣고 나서, 그 대답과 '공부해야 하는 이유'를 연관지어주신다면 자녀들도 흔쾌히 이해하고 받아들일 수 있습니다.

그 이후, 부모님의 입장 또는 교사의 입장에서 학생들이 공부해야 하는 이유를 덧붙여주세요.

둘째, 공부를 하지 않을 경우 수업 시간에 멍 때리는 시간이 늘어나고, 수업 시간이 재미가 없습니다. 모든 학습이 마찬가지겠지만 초등학교는 특히 교육의 단계, 연계가 확실하여 계속 이어집니다. 학년별 학습 내용이 계단식 교과로 이어져 있습니다. 저학년 때 제대로 배우지 않으면 5, 6학년이 되어서는 전혀 알 수가 없습니다. 5, 6학년 학생들 중 수학을 힘들어하는 학생의 대부분은 3, 4학년 때 이미 학습 결손이 발생한 학생들입니다. 분수나 소수를 모르는데 분수와 소수의 곱셈, 나눗셈을 모르는 것은 당연합니다. 이런 학생들은 수업 시간에 무엇을 하겠습니까? 그냥 눈 뜬 채로 멍 때리고 있다가, 정답 받아쓰기를 할 뿐입니다.

물론 교사들이 진도를 나가기 전에 복습도 진행하지만, 짧게는 1학기, 길게는 2~3년 전의 학습 공백을 수업 시간 5~10분만으로 채울 수 없는 것은 너무도 당연합니다. 하루 일과 중 수업 시간이 거의 70~80%에 육박하는데, 이런 학생들은 쉬는 시간, 점심시간만 기다리며 학교에 놀러올 뿐입니다. 이 시간마저 재미가 없어지면 학교에 대한 흥미를 잃을 수가 있겠죠. 자연스럽게 초등학교 학습 내용이 부진하다 보니 중고등학교에서 공부를 제대로 할 리가 없습니다. 즉, 초등학교 때부터 공부를 해야 고학년, 중고등학교에 가서도 공부를 놓지 않고, 무언가를 아는 기쁨까지 누릴 수 있습니다. 초등학교에서의 학업은 여러모로 굉장히 중요한 단계입니다.

자녀의 학업 수준 파악하기

　학교에서만큼은 공부해야 하는 2가지 이유에 대해서 살펴보았습니다. 그러나 더 충격적인 것은 여기에 해당하는 학생들 중 대부분은 학원에 다니고 있고, 학원 내용이 선행학습으로 이루어져 있다는 것입니다. 예를 들어 5, 6학년 학생이 3, 4학년 수준을 제대로 모르는데 오히려 다음 학기, 중학교 내용을 배우고 있는 겁니다. 남들이 하니까, 집에서 학원을 보내니까 이런 현상이 나타나는데, 학교에서도 멍 때리는데 학원에서는 공부가 되겠습니까? 그냥 학원에 놀러가게 되고, 친구들 만나러 가고, 돈은 낭비하게 됩니다.

　의지가 있는 학생이라면 자신이 어떤 부분을 어려워하는지 정확히 파악하여야 하고, 공부 시간도 예습 위주가 아닌 복습 위주로 이루어져야 합니다. 학원이나 예습, 선행학습은 기본적인 현행 학업 단계가 충분히 이루어지고, 학교에서 진행 중인 담임선생님의 진도를 어려움 없이 따라가고 있는 수준인지를 먼저 파악한 후에, 그 수준에 따라서 방과 후에 할 일을 신경 쓰시면 좋겠습니다.

　정말 자녀가 공부를 하기 원하신다면, 또 스스로 학교생활에 자신감, 본인의 자존감을 높이고 싶다면 학교 수업 시간에 배우는 내용만큼만 정확히 공부하고 복습할 수 있도록 신경 써주시길 바랍니다.

학업에 자신 있는 학생과
그렇지 못한 학생의 일상

현실적으로 느끼실 수 있도록 교실에 2가지 유형의 학생이 있다고 가정을 해볼게요. 학업에 자신 있는 학생과 그렇지 못한 학생의 하루를 비교해보겠습니다. 평균적으로 하루에 5교시까지 수업한다고 가정한다면 교과별 수업 시간 비율로 볼 때 3시간 정도는 국·영·수·사·과, 2시간 정도는 예체능 과목이 계획되어 있을 거예요.

학생 스스로 학업에 대한 자신감이 있어 공부하는 데 어려움을 느끼지 않는 학생들은 다른 날과 같은 하루의 시간표일 뿐입니다. 그날 5시간 동안 무슨 교과가 있든 크게 신경 쓰지 않고 시간표에 맞게 교과서를 준비합니다. 수업 시간에도 선생님의 진행에 발맞춰 학습 내용에 집중합니다. 수업에 집중하여 아는 것은 복습하고, 몰랐던 내용을 새롭게 알게 되는 의미 있는 시간입니다. 그리고 중간중간 새로운 내용을 받아들이며 열심히 사용했던 뇌를 조금씩 쉬어주는 시간도 있습니다. 물론 학생들의 성격이나 과목 선호도에 따라 더 좋아하는 과목이 있을 수는 있지만, 그렇다고 정말 싫어하는 과목은 없다고 보시면 됩니다.

어느 한 초등학생의 시간표 예시

교시	시간표	A학생	B학생
1교시	수학	자신 있는 수업	자신 없는 수업
2교시	음악		즐기는 수업
3교시	사회		자신 없는 수업
4교시	과학		
5교시	체육	즐기는 수업	자신 있는 수업

반면, 학업에 자신 없는 학생들은 그날 시간표에 무슨 과목이 들었는지에 따라 하루의 기분이 좌우될 만큼 영향이 클 수밖에 없습니다. 5시간 중에 3시간(수학, 사회, 과학)을 떠올리면 벌써부터 짜증이 날 테니까요. 게다가 학습 결손이 있는 학생들은 걱정이 앞설 것

입니다. '도대체 오늘은 어떤 어려운 말을 듣게 될까?' '제발 나한테 질문을 안 하시면 좋겠다.' 악몽 같은 시간이 3시간이나 생기는 것입니다. 그런데 이런 시간표가 일주일 내내 지속됩니다. 학교생활이 얼마나 재미없고 불행할까요?

물론 중고등학생이 될수록 심해지겠지만 요즘은 초등학생들 중에도 학교에 급식을 먹으러 오는 학생도 있고, 체육 수업을 듣기 위해 오는 학생도 있습니다. 왜 그럴까요? 다른 과목에 비해 체육 과목을 좋아하고 자신 있기 때문입니다. 왜 자신 있을까요? 스스로 잘한다고 생각하기 때문입니다.

여기서 하나의 기준이 나옵니다. 학생 스스로 특정 교과를 좋아하거나 자신 있거나 등의 '긍정적인 생각'을 갖고 있어야 한다는 것입니다. 이렇게 생각하는 과목이 많을수록 학교 수업 시간뿐 아니라 학교생활 자체를 즐거워하고, 적극적으로 참여할 수 있습니다. 반대로 부정적인 생각을 가진 교과가 많을수록 재미없고 힘든 학교생활이 될 수 있습니다.

교실에서의
학습 습관 만들기

잡혀 있으면 좋은, 아니 꼭 몸에 익숙해져야 하는 학습 습관에 대해 말씀드리겠습니다. 이번 내용을 통해 자녀의 학교 수업이나 학습 태도가 어떤지 함께 점검해보시고 부족한 부분을 하나씩 보완해나간다면, 점점 자녀의 수업 태도와 학습 습관이 자리 잡히는 모습을 발견할 수 있을 겁니다. 뿐만 아니라 이는 학생 스스로 수업 시간과 학업에 대한 자신감과, 나아가서는 학교생활의 행복까지 이어지리라 생각합니다. 하나씩 체크하실 수 있도록, 다음번에 쉽게 기억나실 수 있도록 학교 수업 시간의 흐름에 따른 학습 습관에 대해 안내해 드리겠습니다. 인사 등과 같은 생활적인 면은 제외하고 학습적인 면

만으로 진행하겠습니다. 우선 가장 먼저 학교에 등교를 하고 교실에 들어갑니다.

첫째, 오늘 시간표를 확인하고 시간표에 든 교과의 교과서들을 사물함에서 꺼내 책상 서랍에 정리해둡니다. 가장 기본적인 습관입니다. 미리 오늘 배울 수업들의 교과서를 정리하며 하루 일과를 맞이하는 준비입니다. 그러나 이런 습관이 되어 있지 않은 학생들은 꼭 담임선생님이 "수업 시작하겠습니다."라고 말씀하시면 그제야 사물함에 가서 책을 꺼내옵니다.

둘째, 바로 이전 수업 시간에 배운 내용을 한번 훑어보세요. 수업 시간 1~2분 전에만 봐도 충분합니다. 수업 시작 전 선생님들의 단골 멘트가 있죠. "우리 지난번에 뭐 배웠지?" "오늘 몇 페이지 공부할 차례지?" 학부모님들은 학창시절을, 학생들은 수업 시간을 한번 떠올려보세요. 이 질문에 대답을 하는 사람이 과연 어떤 유형의 학생들이었는지 기억나시나요? 주로 몇몇 학생들이 이런 대답을 책임졌을 겁니다. 왜 그럴까요? 이런 학생들은 선생님의 패턴을 알고 있을 뿐 아니라, 지금 이 수업 시간에 무엇을 배울 차례인지, 지난 시간에는 무엇을 배웠는지 이미 복습을 통해 혹은 수업 시작 전에 책을 살펴봤기 때문에 알고 있거든요. 예를 들어 사회 시간이라면 이전 시간에 배웠던 역사적 사건이나 인물 등에 대해 책을 살펴보았을 겁니다. 이런 습관은 수업 시간 내내 자신감으로 이어집니다.

선생님들이 진도 확인을 했으면 뭘 하죠? 그렇습니다. 일부 학생들이 부담스러워하는 질문 타임, 복습 시간을 시작합니다. 그러나 이미 교과서를 살펴보거나 복습을 끝낸 학생들은 어떤 반응일까요? 선생님이 제발 나한테 질문하시길 기다리거나, 발표를 하기 위해 손을 들 준비부터 하고 있습니다. 이유는 선생님한테 칭찬도 받을 수 있고, 다른 학생들한테 '나는 이미 알고 있어!'라는 것을 자랑하고 싶은 마음도 있으니까요. 발표를 쑥스러워해서 손을 들지 않는 성격이라면 최소한 직접 물어보셨을 때는 자신감 있게 대답을 할 수가 있지요. 반대로 열심히 놀다가 부랴부랴 자리에 앉거나 수업 종이 치고서야 책을 가지러 가는 학생들은 어떨까요? 교사의 질문에 대부분 답을 하지 못하거나 선생님의 눈을 피합니다. 자녀에게 물어보세요. 선생님의 복습 질문이 어떠냐고? 괜찮다거나 부담이 없는 학생들은 전자, 싫어하거나 부담스런 학생들은 후자일 가능성이 높습니다.

셋째, 선생님들의 질문에 스스로 답하지 못하거나 생각이 안 나면 책을 찾아보세요. 선생님 성향에 따라 다르겠지만, 전체에게 또는 개별 학생들에게 이전 시간에 배운 내용을 바탕으로 질문을 몇 개씩 하실 겁니다. 대답은 누가 하나요? 답을 알고 있는 일부 학생들만 대답하죠? 이렇게 말하는 학생들은 발표한 내용들이 기억에 오래 남습니다. 듣는 것뿐 아니라 직접 보고, 말하고, 듣기까지 동시에 여러 감각을 활용했기 때문입니다.

그런데 첫째, 둘째 습관이 잡혀있지 않은 학생들은 어떨까요? 예를 들어 복습을 상기하는 질문을 했을 때, 학습 습관이 잡혀있지 않은 학생들은 가만히 앉아있습니다. 이유는 크게 2가지입니다. 1번 이유. 나에게 질문한 것이 아니니까. 2번 이유. 모르니까. 너무 팩트를 날려 뜨끔할 수도 있을 겁니다. 학부모님, 혹시 자녀가 선생님이 질문했을 때 왜 대답 안하는지 물어보고, 위와 같은 2가지 이유라면 꼭 세 번째 학습 습관을 기를 수 있도록 해주세요. 교사가 자신이 아닌 다른 학생에게 질문하더라도 학습 습관이 잘 잡혀있는 학생들은 스스로 정답을 생각하고, 혹시 애매하다면 재빠르게 책이나 공책, 학습지 등을 살펴봅니다. 그런데 반대의 학생들은 그냥 멍하니 있습니다. 이렇게 있으면 '선생님이 기다리다가 다른 친구한테 물어보겠지.' '내가 모르는 걸 아실 거야.'라며 버티고 있을 겁니다.

교사들은 학생들에게 혼을 내기 위해서 질문하는 것이 아닙니다. 지난 시간 배운 내용을 함께 복습하며 상기시켜줘야 이번 시간 수업을 배울 수 있기 때문에 하는 것입니다. 지난 시간과 연계가 큰데, 그 내용을 모른다면 이번 수업 시간은 아무런 소용이 없으니까요.

그러니 혹시 나한테 질문을 하시든 다른 친구에게 질문을 하시든, 정확히 대답을 못한다면 책을 찾아보면 됩니다. 선생님은 책을 찾아보며 복습하는 친구에게 "너! 왜 책 찾아봐!"라고 절대 혼내지 않습니다.

넷째, 수업 중에 애매한 부분이나 모르는 것은 바로 물어봅시다. 진짜 부탁드리고 싶은 부분이기도 합니다. 모르면서 아는 척 넘어가면 자신에게 손해입니다. 그래서 저 같은 경우, "다 이해했나요?"라는 질문을 하지 않습니다. 한 명씩 다 확인을 합니다. 비록 시간은 오래 걸릴지라도, 이런 꼼꼼함이 학생들의 학습 습관을 바꿀 수가 있습니다. 심지어 시험 시간에도 질문을 할 수 있습니다. 수학 시간에 식을 모르거나, 과학 시간에 실험 방법을 모르는데 어떻게 수학 문제를 풀고, 실험을 하여 결과를 관찰할 수 있겠습니까? 모르는 부분이 등장하면서 남은 수업 시간은 그냥 버리는 시간이 됩니다. 손들고 내가 모른다고 말하는 것을 민망하고 부끄럽게 여기는 학생들이 있습니다. 지금 처음 배우는 건데 모르는 게 당연하죠. 그리고 생각보다 이해 못한 학생들이 많아 오히려 고마워하는 친구들도 있습니다. 그러니 바로바로 질문을 하면 자신뿐 아니라 주위 친구들까지 도와주는 행동이 된다고 생각하면 된다고 자녀에게 말해주세요. '정말 나는 민망하고 부끄럽다!' 하는 학생이라면 그 설명이 끝나고 문제를 푸는 시간이나 또는 쉬는 시간에 선생님이나 옆 친구에게 바로 물어보는 학습 습관을 꼭 기를 수 있도록 도와주세요.

　다섯째, 이것은 정말 어려울 수 있습니다. 선생님의 "이번 시간 수업 끝~!"이라는 말과 동시에 바로 책 덮고, 친구 만나러 가거나 뭐하고 놀지 생각하기 전에! 그날 배운 내용을 1~2분만 쓱 훑어보고 덮어주세요. 말이 1~2분이지 이 방법과 앞에서 언급한 두 번째 수업 전 훑어보기는 학습 습관만 적응되면 1분도 채 걸리지 않습니다. 그리고 몸에 습관화되어있으면 앞뒤 복습 시간에 뭘 할지 수업 시간에 생각이 들 것이고, 수업 시간에 배우는 내용을 스스로 정리하기 위해 수업에 집중하게 됩니다. 여기서 더 나아갈 학생들은 이 쉬는 시간 복습할 때 복습 노트를 작성하는 것이 가장 좋고, 효율적입니다. 즉, 망각이 일어나기 바로 직전에 복습을 함으로써 더욱 오래 기억에 남을 수 있게 하는 것입니다.

1. 교과서 가져와서 정리해두기 : 등교 시

2. 수업 시작 전 이전 시간에 배운 내용 훑어보기 : 수업 시간 전

3. 질문에 대한 답이 생각 안 나면 교과서 찾아보기 : 수업 시간 중

4. 모르는 것은 바로 물어보기 : 수업 시간 중

5. 방금 배운 내용 훑어보기 : 수업 시간 후

5가지 방법을 조금 분류해보면 1번은 학교 등교했을 때 / 2번은 수업 시간 전 / 3, 4번은 수업 시간 중 / 5번은 수업 시간 후로 구분할 수가 있습니다. 1번은 공통된 시간이고, 수업 시간 전-중-후 활동은 2-3-4-5라고 보면 됩니다. 1교시 수업이 끝나면 2교시 시작하기 직전에 다시 2번 학습 습관부터 다시 시작하면 됩니다.

쉽게 비유하자면 학습 습관 활동 4가지를 도미노처럼 생각하면 쉽습니다. 도미노는 하나를 놓치고 무너뜨리면 끝까지 넘어질 수 있습니다. 1번부터 교과서를 미리 챙기지 않는다면, 복습할 시간이 없을 테고 선생님 질문에 답변을 하지 못하게 됩니다. 속상하고 부끄럽고, 이전 시간 내용도 몰라 이번 수업 시간에도 집중을 하지 못합니다. 정말 악순환의 반복이지 않나요? 그만큼 시작 시점부터 준비를 하고 대비를 해야 훨씬 더 안정적으로 수업에 집중할 수 있고, 효율적으로 받아들일 수 있다는 것을 말씀드리고 싶었습니다.

어떻게 보면 정말 기본적이고 간단한 학습 습관이라고 생각이 들수 있습니다. 학교에서는 정말 이 기본이 잘 되어 있어야 합니다. 저는 최소한 학교에서 이 정도의 학습 습관도 제대로 갖추지 못하는 학생이라면 선행학습이나 학교 외 다른 학업 활동을 지지하지는 않습니다. 수업 시간 학습 습관을 통해서 우리 학생들, 자녀들의 학교에서의 학업 태도, 수업 태도가 많이 나아지기를 기대합니다. 꼼꼼하게 확인해주시고 끝까지 이어갈 수 있도록 학부모님들의 많은 관심 부탁드립니다.

복습 습관이
가장 중요하다

자녀의 제대로 된 학습 습관을 길러주고 싶다는 마음, 다들 있으시죠? 스스로 습관으로 정착이 된다면 부모님도 자녀에게 학습에 대한 잔소리는 줄어들고, 자녀의 대견함을 칭찬만 하시리라 생각합니다. 학생들이 꼭 가졌으면 하는 학습 습관과 구체적인 방법들을 알아봅니다.

그날 배운 것은 그날 공부하기

그날 배운 내용은 당일 복습을 기본으로 해주세요. 저는 매년 학생, 학부모님들께 선행학습보다는 복습에 대한 중요성을 엄청 강조합니다. 왜 그럴까요? 그만큼 학생들이 복습을 제대로 하지 않기 때문입니다. 그럼 복습이 왜 중요한지, 어떻게 하면 좋을지 구체적인 방안을 알려드리겠습니다.

에빙하우스 – 망각곡선

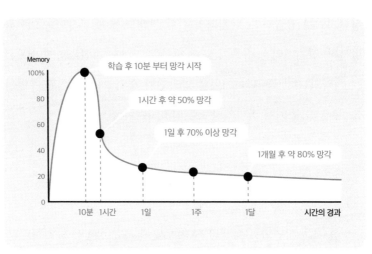

이 그래프는 독일의 심리학자 헤르만 에빙하우스가 기억의 실험 연구를 바탕으로 작성한 망각 곡선 그래프입니다. 교육에 관심 있으신 학부모님들은 앞으로 자주 보시게 될 그래프라고 생각합니다. 이것은 학습을 하고 나서 일정 시간에 따라 학습 내용이 망각되는 정도를 그래프로 표현한 것입니다. 학습 후 10분 이후부터 망각이 시작되고, 1시간이 지나면 무려 절반인 50%나 잊어버리게 됩니다. 게다가 학교 수업이라면 1시간 사이에 또 다른 내용을 배우고 있기 때문에 망각률이 더 높아집니다. 하루가 지나면 70%, 한 달 후면 몇 가지 빼고 다 기억 안 난다고 봐도 무방합니다. 학생들에게 작년 내용이나 지난 학기 내용 복습 차원으로 질문하면 가장 먼저 하는 말이 "선생님, 그거 안 배웠는데요?"입니다. 우리 뇌에는 단기기억과 장기기억이 있습니다. 단기기억은 말 그대로 짧게 지속되는 기억을 말하며, 장기기억은 아무리 오랜 시간이 지나도 자연스럽게 떠오르는 기억입니다. 즉, 단기기억은 망각되기 쉽기 때문에 이런 부분들을 '복습'을 통해서 장기기억으로 연결시켜야 합니다.

고학년 공부법 : 복습방법 A TO Z

우선 저는 학년별로 학생의 성장에 맞게 복습 방법을 달리합니다. 5, 6학년 담임을 할 때는 '복습 노트'를 매일 작성하게 합니다. 복습 노트라는 것은 그날 학교에서 공부한 내용들을 간단하게 요약하여 공책에 정리하는 것입니다. 요약하는 방식은 학생의 정리 스타일대로 마음껏 편안하게 하면 됩니다. 양을 길게 하든, 중요한 단어만 짧게 쓰든 본인이 다음번에 봤을 때, 그날 배운 내용이 떠오를 수 있도록 본인만의 방법을 이어나가면 괜찮습니다. 막연할 수도 있으니 제가 학생들에게 알려준 방식대로 작성한 학생의 노트를 보여드리겠습니다.

※ 현재 대원외고에 재학 중인 이유진 학생의 2016년 정리노트입니다.

DATE. 3/7   NO.

- 국어 1단원 -
학습목표: 비유적 표현의 좋은 점을 알아봅시다
복습시간: 2시 40분 ~ 2시 50분   ★ 복습: ✔✔✔

비유적 표현	① 어떤 현상이나 사물을 비슷한 현상이나 사물에 빗대어 표현한 것을 비유적 표현이라고 합니다.
	② 비유적 표현에 등장하는 두 대상 사이에는 공통점이 있습니다.
직유법	① '~ 같이', '~ 같은', '~ 처럼' 등으로 표현하는 방법을 직유법이라고 합니다.
	↳ ex) 보름이 같은 마을 해처럼 빛나는 얼굴
은유법	① '~ 은/는 ~ 이다'로 표현하는 방법을 은유법이라고 합니다.
	↳ ex) 딸기는 아이큐다.
가와 나의 차이점	① 글 가보다 글 나가 시의 장면을 좀 더 쉽게 떠올리게 됩니다.
	② 글 가는 비유적 표현이 사용되지 않았고, 글 나는 비유적 표현이 사용되었다.
비유적 표현의 좋은점	### 비유적 표현의 좋은 점
	① 비유적 표현을 쓰면 생생한 느낌이 든다.
	② 비유적 표현을 쓰면 장면이 쉽게 떠오른다.
	③ 비유적 표현을 쓰면 내용을 이해하기 쉽다.
	직유법 은유법 ↳직접 비유하는 ↳은슬쩍 비유하는 방법 방법

이번 시간에 국어 1단원, <비유적 표현>을 배우면서 비유적 표현이 무엇인지 잘 알 수 있었고, 직유법, 은유법에 대해 자세히 알 수 있었습니다 비유적 표현의 좋은점인 3가지에 대해서는 더 잘 이해 할 수 있었던 시간이었던 것 같습니다. 앞으로 국어 시간에 열심히 ~!

※ 현재 대원외고에 재학 중인 이유진 학생의 2016년 정리노트입니다.

그날 배운 복습할 과목, 단원이나 학습 목표, 날짜 또는 복습 시간을 씁니다. 이어서 기억나거나 배운 내용들을 요약합니다. 그리고 요약된 문장들 중에서 더 핵심적이고 구체적인 단어들만 몇 가지 간추려봅니다. 다음번에 볼 때는 단어만 보고 그날 내용을 떠올리며 복습을 하는데, 단어만 보고 정확히 떠오르지 않는다면 요약한 부분을 살펴봅니다.

양식은 예시와 같은 방식이든 본인만의 방식이든 정리만 하면 상관없습니다. 가장 중요한 것은 복습하는 횟수입니다. 그래프대로 최소한 4번은 꼭 해야 합니다. 그 이상이면 더욱 좋고요. 공부 시간을 길게 하는 것보다 효과적으로 자주 반복하는 것이 복습의 핵심입니다. 월요일 1교시에 수학에 대한 개념을 학습하였다면, 10분이 지나기 전인 1교시 쉬는 시간에 1번, 다음날인 화요일에 1번, 주말에 1번, 한 달 뒤에 1번 이렇게 4번 복습하는 것입니다. 노트정리 윗부분에 표시된 부분이 바로 복습한 횟수입니다. 자주 반복할수록 평생 기억 남는 장기기억으로 갈 수 있기 때문입니다. 다만, 노트에 정리하고 꾸준히 반복하는 이 습관이 잡히기 전까지는 학부모님들의 손길이 필요할 수도 있습니다. 이후 습관화가 된 학생들은 더 이상 검사할 필요가 없으니, 복습을 했는지만 확인하면 됩니다. 습관이 잡힌 학생들은 본인이 알아서 유형화, 도식화하면서 깔끔하게 정리하는 방식까지 터득한 상태니까요.

중학년과 저학년 공부법 : 교과서 복습법

중학년과 저학년은 어떻게 복습하면 좋을까요? 아직 공책 정리에 어려움이 많을 수도 있습니다. 그러나 다음 학년을 위해서라도 복습을 해야 합니다. 그래서 여분의 교과서를 샀으면 합니다. 학교에서는 선생님과 수업 시간에 공부를 하고, 집에 돌아와서는 다음 날 학교 가기 전까지 많은 시간 중에 복습할 시간을 정하여서 오늘 학교에서 배운 부분만 한번씩 훑어보기만 하면 됩니다. 이렇게만 하여도 망각이 확 발생하지 않습니다.

교과목마다 특성이 조금씩 다르기 때문에 조금 더 구체적으로 들어가볼까요? 저는 수학, 사회, 과학은 꼭 필요하다고 생각합니다. 국어는 독서로 대체할 수 있지만, 이 3개 과목은 정말 꾸준한 복습이 필요합니다. 그래서 수학익힘책, 실험관찰책, 사회책(사회과부도)은 여분의 교과서를 별도로 구매하여 집에서 복습 용도로 사용합니다. 수학과 과학책은 필요에 따라 선택합니다. 수학책과 과학책은 개념 설명과 실험 방법 설명이 주로 되어 있는 교과서라면, 수학익힘책과 실험관찰책은 학생들이 그날 배운 내용을 직접 풀어가면서 정리하며 복습해주는 보조교과서 느낌입니다. 수학, 과학책이 없어도 복습과 문제풀이에 자신 있는 자녀라면 수학익힘, 실험관찰만 구입하고, 개념 설명도 함께 있으면 좋겠다는 생각이 들면 4권 모두 추천합니다.

사회는 별도 정리되어 있는 보조책이 없기에 사회교과서를 구매하셔서 그날 배운 내용을 한 번 더 읽게 해주시면 됩니다. 조금 더 꼼꼼하게 하실 분들은 고학년 공책 정리를 대비하여 선생님이 강조하거나, 본인이 중요하다고 생각되는 부분에 밑줄, 핵심 단어에 동그라미 표시를 하고, 다음 번 복습 때는 표시한 부분만 읽게 하면 됩니다. 사회, 과학 등의 뭔가 기억해야 할 부분은 학부모님과 자녀가 스스로 질문을 만들어가며 놀이 형식으로 해도 기억에 오래 남는 복습 방법이 됩니다.

물론 초기에는 정말 학습 습관 들이기가 어려울 수도 있습니다. 옆에서 학부모님께서 도와주시기 귀찮고 불편할 수도 있습니다. 그러나 꾸준히 몇 개월 지속하다가 자녀가 스스로 필요성을 느끼게 되는 순간 학업에 대한 학부모님의 학업에 대한 고민과 스트레스는 사라질 수 있습니다. 제대로 된 학습 습관을 미리 잡아놓는다면, 중고등학생이 되었을 때도 꾸준히 이어질 것입니다.

스스로
공부하는 습관

자녀가 공부를 스스로 한다면 얼마나 좋을까요? 스스로 하는 공부 습관을 어떻게 하면 기를 수 있을지 안내해드리겠습니다. 어른도 마찬가지겠지만 학생들도 무슨 일을 하든 본인이 필요하다고 느끼면 누군가가 챙겨주지 않아도 충분히 알아서 해나갑니다. 배가 고프면, 밥을 차려먹거나 챙겨달라고 말을 하고, 놀고 싶으면 알아서 잘 놉니다. 그러나 공부는? 당연히 하지 않습니다. 학생 스스로 '굳이 왜 공부를 해야 하나?'라는 의문에서 벗어나지 못했기 때문입니다. 혹시 자녀분이 지금 학부모님 잔소리 없이 책상 앞에 앉아서 꾸준히 공부하는 습관이 갖춰져 있다면, 이 내용들을 보실 필요가 없습니다.

그러나 대다수의 학부모님들은 '우리 아이가 그랬으면 좋겠어요!' 라는 마음가짐이실 거라 생각합니다. 공부의 필요성을 느끼는 학생들은 빠르면 5, 6학년, 보통은 중고등학교에 진학한 이후에야 조금씩 깨닫습니다.

그럼 그전에 무엇을 해줘야 할까요? 바로 스스로 공부하는 습관을 잡아줘야 합니다. 초등학생들은 아직 성장하고 있고 많은 변화를 이뤄나가는 진행 과정이기 때문에 학부모의 조언을 잘 받아들이고, 자신의 잘못된 부분들을 개선하고 바꿀 수 있습니다.

공부 습관 만드는 방법

제가 말씀드리는 싶은 부분은 크게 3가지입니다.

첫째, 우선 습관으로 잡고 싶은 목표를 잘게 잘게 쪼개주세요. 공부 습관을 잡기 위해 처음부터 커다란 목표를 세우면 첫날부터 하기 싫어집니다. 아주 간단한 것부터, 부담을 느끼지 않는 선에서 시작하면 됩니다. 예를 들어 매일 수학 문제를 풀게 하는 학습 습관을 목표로 세운다면 수학문제집 1장 풀기, 아니면 1페이지 풀기, 심지어는 매일 1문제 풀기부터 진행하는 것이 효과적입니다. "엥? 선생님, 1문제라니요. 속 터집니다." 제가 1문제라고 말씀드린 것은 이렇게 조금씩 시작해도 된다는 뜻입니다. 목표를 세분화하는 정도는 학생들의 성향이나 학습 수준에 맞게 하시면 됩니다. 다만, 학생들이 받아들일 때 부담이 없이, '오! 이 정도라면 내가 매일 할 수 있지'라고 생각하는 정도가 딱 좋습니다.

혹시 다이어트 해보신 적 있으신가요? 오늘부터 본격적인 다이어트니까 하루 굶으셨다가 다음날 어떠셨나요? 오히려 폭식할 가능성이 높아지잖아요. 밥 2/3공기, 반공기 이렇게 차근차근 내가 할 수 있는 만큼만 하는 것이 좋습니다. 혹은 근육 기르려고 운동하신 적 있으시죠? 《습관의 재발견》이라는 책에서는 팔굽혀펴기를 하루에 1개씩 하라고 합니다. 1개가 힘들면 그냥 엎드리는 것부터 시작하라고 합니다. 마치 수학 문제 1개만 풀라는 느낌입니다. 이제 학생 입장이 되어서 생각해볼게요. '어~ 오늘 수학 문제 1개 푸는 날이네!' 자리에 앉자마자 1문제를 풀었어요. 어떤 생각이 들까요? '아 너무 빨리 끝났네. 1개만 더 풀어볼까?'라고 생각합니다. 물론 1개 풀고 "신난다!"라고 소리치며 놀기 바쁜 학생들도 있습니다. 괜찮습니다. 내일 또 1개 풀고, 다음날 또 1개 풀다 보면 2문제, 3문제 늘어나게 됩니다. 자녀의 독서 활동도 계속 했으면 좋겠죠? 그럼 하루에 1페이지만 읽는 것을 목표로 하면 됩니다. 책은 정말 신기하게도 1페이지 읽다가 끝나면 정말 애매합니다. 자연스럽게 2페이지, 그 이상 읽게 됩니다. 우리 자녀를 믿으셔야 합니다.

둘째, 첫째와 관련하여 잔소리나 평가는 참으시고, 먼저 자녀를 칭찬해주세요.

1문제 풀고 끝낸 자녀에게 "야, 진짜 1문제 풀고 끝이야?" "에이~ 조금만 더 꼼꼼하게 하지." "글씨가 이제 뭐야." 등의 말은 큰일납니다. 학생들 의욕과 사기가 확 떨어집니다. 약속된 목표 분량만큼 스스로 다 했으면 그대로 인정하고 칭찬해주세요. 목표 분량을 스스로 채우면 성취감과 만족감을 느낄 수 있고, 칭찬의 힘이면 그 목표를 계속 이어나가게끔 합니다. 학생들은 지속적인 성취와 칭찬을 통해 +1단계에 도전하고 싶은 마음도 생기게 됩니다. 만약 1문제 푸는 것이 목표 분량이었는데, 2문제를 풀거나 1페이지를 풀었다? 그날은 있는 칭찬 없는 칭찬 다해주세요. 수학뿐 아니라 다른 과목까지 알아서 이어나갈 겁니다. 목표가 분량이었다면 분량만큼 채우면, 학습 시간이 목표였다면 그만큼 공부했다면 칭찬을 해주세요. 습관은 단기간에 잡히는 것이 아니라 지속적인 관심과 칭찬을 통해 꾸준히 이어나갈 수 있게 해주셔야 합니다.

셋째, 약속입니다.

매일 수학 문제 1페이지 풀기, 책 1페이지 읽기 등 목표 분량을 세우는 것에서부터 그날 공부 목표 실천하기까지, 모든 과정이 약속입니다. 약속의 기본 전제는 서로 지키는 것에서부터 시작합니다. 그래서 일방적인 통보가 되어서는 안 됩니다. "너 오늘 이거 해야지?"가 아니라 "우리 이번 주부터 어떤 것 하기로 약속했지?"가 되어야 서로 기분도 상하지 않고, 잔소리로 이어지지 않습니다. 자녀도 '우리 엄마가 저렇게 말씀해주시다니!' '맞아, 약속했었지.'라고 스스로 세운 목표를 지키려 할 겁니다.

사전에 목표를 세우는 것도 중요하지만 더 중요한 약속은 바로 실천 여부입니다. 목표를 세웠지만 실천하기가 정말 힘들 겁니다. 학생들의 경우 습관으로 자리 잡으려면 최소 2~3주 이상 걸린다고 합니다. 중간에 포기하고 싶거나, 하루쯤 그만두고 싶은 마음이 생기는 것은 당연합니다. 이때 부모님께서 자녀가 꾸준히 이어나갈 수 있도록 해주셔야 합니다. 감정적인 잔소리가 아니라, 약속이라는 명분을 들어서 서로 감정이 상하지 않아야 합니다. 스스로 습관이 잡힐 때까지는 꾸준히 이어나갈 수 있도록 약속해주세요. 물론 자녀가 정말 너무 힘들다고 하는 날은 1장 분량을 1페이지로 조금 줄여줄 수는 있지만, 아예 안 하는 행동은 앞으로도 포기할 마음이 들 수 있으니 조금이라도 할 수 있도록 해주시면 됩니다.

넷째까지는 아니지만, 또 하나의 좋은 방법은 부모님들도 목표를 세우고 함께 이뤄나가시는 겁니다.

부모님들은 자녀들의 모방의 대상이자 모범의 대상입니다. 특히나 초등학생들은 부모를 자연스럽게 따라할 수밖에 없습니다. 자녀들한테만 "이거 해, 저거 해!"가 아니라 부모님도 계획을 세워서 꾸준히 하고 있다는 것을 보여주시면 그 효과는 정말 어마어마할 겁니다. 그러니 약속하실 때 부모님들도 함께 목표를 세우고, 작은 목표들을 매일매일 실천하는 습관을 보여주세요.

문제풀이 할 때의
바른 자세

시험 치고 오면 항상 학부모님들의 공통된 걱정이 생깁니다. "우리 애는 잘하는데 꼭 한두 문제를 틀려요." "많이 틀리는데 다시 풀면 다 맞아요." "대체 무엇이 문제일까요?" 등등이 대표적인 고민들입니다. 관련하여 학생들이 문제를 푸는 방법과 유의해야 할 사항을 안내합니다. 기본적으로 학교에서 단원평가나 시간에 제한이 있는 문제를 풀 때 학생들의 특성과 지도 방법 위주로 알아봅니다. 꼭 평가나 시험이라기보다는 기본적인 문제를 풀 때라고 생각해주세요.

초등학생 시절부터 이렇게 문제 푸는 방법을 연습해 나간다면 중고등학생 때는 자연스럽게 문제풀이 습관이 자리 잡을 것입니다. 구체적으로 수학 문제를 예로 많이 들겠지만, 모든 과목에 적용되는 방법이니 참고해주시면 됩니다. 문제를 받아서 풀기 시작한 순간부터 끝나는 순서의 흐름으로 진행하겠습니다.

첫째, '무엇을 물어보는 문제'인지를 생각해야 합니다.

쉽게 잘해서 문제를 똑바로 읽어야 한다는 말입니다. 문제의 길이가 길든 짧든 학생들은 자신이 아는 문제나 자신 있는 문제가 나오면, 제대로 된 문제를 파악하지 않고 풀기에 급급합니다. 다양한 유형들이 있지만 수학으로 예를 들어보겠습니다.

> **문제) 나눗셈의 몫이 가장 작은 것부터 순서대로 나열하시오.**
>
> ① $16 \div 2$ ② $36 \div 9$ ③ $28 \div 4$ ④ $30 \div 5$

정답 무엇인가요? 설마 2번이라고 하진 않겠죠? 이 문제에서 학생들에게 물어보는 것은 '가장 작은 것부터 순서대로 나열'하기인데 문제를 파악하지 않은 학생들은 4개의 몫을 전부 정확히 계산해두고 '가장 작은 것'만 적어둡니다. 이런 학생들은 나중에 꼭 이런 말을 합니다. "아! 이거 아는데 틀렸다. 이것만 맞으면 다 맞는데!" 차라리 모르는 문제였다면, 공부하고 맞추면 되지만, 이런 잘못된 습관은 앞으로도 계속 실수로 이어질 가능성이 높습니다. 그냥 모든 문제를 풀 때 가장 중요한 부분에 밑줄이나 표시를 해주시고, 정답과 비교하여 보는 습관을 들이도록 해주세요.

둘째, 문제는 천천히 풀어도 됩니다. 빨리 푸는 것이 중요한 것이 아니라 정확하게 푸는 것이 중요합니다.

1번 상황도 한편으로는 빨리 풀려는 버릇 때문일 수도 있습니다. 2번은 교실에서 학생들에게 학습지를 주거나, 단원평가를 할 때 많이 나타납니다. 해가 바뀌어도 매년 반복되는 것은 학생들의 성향들이 크게 바뀌지 않는다는 것을 뜻합니다. 시험 시간은 대략 35~40분이라고 치면 20분쯤 지나면 몇몇 학생들이 손을 듭니다. "선생님, 다 풀었으면 시험지 내도 되나요?"라는 질문을 합니다. 이 학생들 결과는 어떨까요? 꼭 1, 2개는 틀립니다. 중상위권에서 상위권 학생들한테서 자주 나타나는 특징입니다.

왜 그럴까요? 몇 년간 경험하고 느낀 제 생각은 '나는 잘해'라는 자신감이 있는 학생들입니다. 물론 자신감은 중요합니다. 그런데 이 잘한다는 생각을 자세히 살펴보았더니 2가지로 구분할 수가 있었습니다. '나는 잘하니까 틀리게 풀지 않았을 거야.'라는 자신감 또는 자만심입니다. 그리고 '내가 이렇게 빨리 풀었어!'라는 것을 학급 친구들에게 보여주며 자랑하고 싶어 하는 겁니다. 저는 시험 치기 전에 항상 학생들에게 말합니다. "빨리 푸는 것이 중요한 것도 아니고 잘하는 것이 아니라, 시간을 최대한 꽉 채우면서 정확하게 푸는 것이 중요하다."고요. 정말 잘하는 학생들은 자랑하지도 않고, 꼼꼼하게 자신에게 주어진 시간을 활용하며 문제를 풉니다. 학부모님들도 자녀분들이 집에서 혼자 문제를 푸는 상황이면 시간을 너무 재촉하지 않으셨으면 좋겠습니다.

셋째, 위 두 부류의 학생 사이에 가장 큰 차이는 '검토' 또는 '다시 풀기'입니다.

자신이 풀었던 문제 중에 실수하거나 잘못 푼 문제를 찾았을 때의 기쁨은 정말 짜릿하고 행복합니다. 이 기분은 오답을 발견해본 사람만이 공감할 수 있습니다. 제가 시험 시간 중반쯤에 이런 말을 하면 공감하는 친구들은 일부에 국한됩니다. 바로 위에 말씀드린 정말 잘하는 학생들만이 제 말에 공감할 뿐, 다른 친구들은 '아~ 그렇구나.' 정도로만 생각하고 넘깁니다. 교사인 제가 그렇게 하도록 지도를 하니 학생들은 문제지를 빨리 내지도 못하고 계속 살펴보는 척을 합니다. 그러나 결국 발견하지 못합니다. 일부 학생들만이 스스로 실수한 것이나 틀린 것을 찾아서 고칩니다.

무슨 차이가 있을까요? 2번에 말씀드린 것과 동일합니다. 어중간(자신감 있는)한 학생들은 '나는 잘하니까 잘못 푼 문제가 없을 거야.'라는 생각으로 자신이 푼 것들을 그대로 읽어볼 뿐입니다. '다시 읽기'를 하고 있는 것이죠. 자신이 푼 것을 정답이라 단정을 지은 상태이기에 다른 정답이 보이지 않습니다. 정말 잘하는 학생들은 기본 생각이 '혹시 내가 잘못 푼 것이 있을까?'입니다. 자신이 푼 것을 정답이라 생각하지 않고, 처음 문제를 푸는 것처럼 다시 푸는 겁니다. 다시 보기, 다시 읽기가 아니라 '다시 풀기'가 제대로 된 문제풀이입니다.

넷째, 문제풀이 과정을 지우지 마세요.

다른 과목도 마찬가지겠지만, 특히나 수학 문제는 더더욱 지우지 마세요. 일부 학생들은 '교과서나 문제집, 시험지를 지저분하게 제출하면 안 돼, 깔끔하게 써야 해.'라고 생각을 합니다. 그래서 정답을 제외하고는 풀이 과정을 모두 지우는 학생들이 있습니다. 절대 풀이 과정을 지우지 않았으면 좋겠습니다. 자신이 정답을 발견하기 위한 과정이잖아요. 그 영광스러운 과정의 흔적은 정답이 틀렸거나 실수했을 때 빛을 발휘하게 됩니다. 스스로 되돌아보면서 어디에서 실수를 했는지, 어떤 부분을 착각했는지 발견할 수 있습니다. 당연히 저는 시험칠 때 모든 과정을 절대 지우지 말고, 그대로 두라고 합니다. 매번 시험 때마다 정말 간단한 계산 실수, 고학년임에도 불구하고 덧셈, 곱셈을 실수하는 친구들이 많습니다. 너무 쉽다고 생각하여 방심한 것이죠. 이렇게 과정을 실수한 것을 직접 학생들한테 보여주면, 스스로 다짐을 하는 좋은 계기가 됩니다. 이런 과정에서 '정말 어이가 없다.'라고 생각한 문제가 있으면 따로 모아두고 종종 꺼내보는 것도 스스로 상기시키는 좋은 방안입니다.

지금 말씀드린 4가지는 문제풀이에 있어 꼭 실천해야 하는 습관입니다. 위 4가지는 필수사항이고, 추가적으로 1가지를 더 안내해드릴 텐데, 이 방법은 도전할 만한 학생이라면 한번 실천해보세요.

반복의 효과

문제를 보고, 교과서 어느 부분에 나오는지 떠올려봅니다.

조금 막연한 실천 방법일 수도 있습니다. 정확한 쪽수, 몇 페이지를 기억하라는 것이 아닙니다. 이 문제를 배웠던 시간이나 대략적인 교과서 구성 느낌을 떠올려보라는 것입니다. 문제를 쉽게 풀 수 있으면 굳이 하지 않아도 됩니다. 문제를 푸는데 단어가 기억나지 않거나 애매하다면 추천하는 방식입니다. 교과서 오른쪽인지 왼쪽인지, 그날 수업 시간에 무슨 얘기를 했는지, 그 수업 이전 시간과 그 이후 시간에 무엇을 배웠는지 등을 떠올리면 조금이나마 자연스럽게 연관이 되어 답이 떠오를 수도 있다는 것을 알려드리고 싶었습니다.

학교에서의
독서 습관

매해 학년 담임을 맡으면서 많은 학생들이 점점 독서에 대한 흥미를 잃어가고, 독서록에 대한 부담감이나 귀찮아하는 모습들을 지켜봐왔습니다. 그래서 '어떻게 지도를 하면 학생들이 조금이나마 독서에 관심을 가질까' '독서록이나 감상문을 재밌게 작성할 수 있도록 할 수 있을까?'에 대한 고민을 많이 했습니다. 그중에서 오늘 가장 먼저 해야 하는 활동은 우선은 책 읽는 습관을 잡아주는 것입니다. 아마 많은 부모님들이 자녀들의 독서 습관을 잡아주기 위해 엄청 노력하셨으리라 생각합니다. 아쉽게도 기대한 만큼 잘 따라오지도 않았겠지만요. 그래서 "너 책 좀 읽어." "일주일에 (또는 한 달에)

몇 권 읽을래?"처럼 별 효과 없는 말 대신 책을 자연스럽게 읽을 수밖에 없는 상황을 만들어주면 좋겠다고 생각했습니다. 독서를 위한 시간과 장소까지 말이죠.

습관이라는 것은 반복의 효과입니다. 동일한 행동을 같은 시간에 꾸준히 반복하다 보면 자연스럽게 해당 시간이 되면 해야 할 일이 떠오르게 됩니다. 마치 가정에서 아침, 저녁시간에는 밥을 먹거나, 학교에 있을 때 1교시부터 점심시간, 마지막 교시까지 본인들이 해야 할 과업들을 정확히 알고 있습니다.

학생들이 가장 자연스럽게 책을 읽을 수 있는 시간과 장소까지 완벽한 조건은 어디일까요?

바로 '학교'입니다. 가정에서는 워낙 다른 유혹과 장애물들이 많습니다. 학원 가기도 바쁘고, 학원 숙제도 있을 테고, 핸드폰, 컴퓨터에… 독서 외에도 해야 할 또는 하고 싶은 것들이 독서를 방해하는 요소가 됩니다. 어느 정도 독서 습관이 쌓이거나 독서에 흥미를 붙인 학생들의 경우에는 가정에서도 쉽게 독서를 할 수 있지만, 제가 말씀드리는 부분은 우선 이런 습관이 잡히지 않은 학생들이 대상입니다.

"선생님, 학교도 유혹이나 독서를 방해할 만한 요소들이 많지 않나요? 친구들, 소음 등등 독서에 집중할 수 있는 시간이 없잖아요."

맞습니다. 1교시가 시작하고 학교 수업이 시작하면 하교할 때까지는 혼자 책을 읽기가 무척 쉽지 않습니다. 중간 놀이 시간, 점심시간에 본인의 책상에 앉아 책을 읽는 학생들은 대단한 집중력을 가지거나 정말 독서 자체를 좋아하는 학생입니다. 그렇다면 자녀에게 학교에서 언제 책을 읽으라고 지도해줘야 되나요?

독서하기에 가장 완벽한 시간은 '등교 시간'입니다. 1교시 수업 전 30분 정도가 정말 책을 읽기 좋은 시간입니다. 보통 9시 등교라고 가정한다면, 8시 30분부터 9시까지는 독서하는 시간으로 고정해주세요. 학생들이 등교하는 시간에는 아침 시간이라 교실 분위기도 많이 차분합니다.

대부분의 학생들은 아침에 등교하면, 인사만 하고 자리에 앉아 있습니다. 복도를 뛰어다니거나 장난을 치는 학생들은 거의 없다고 보시면 됩니다. 게다가 이미 출근한 담임선생님께서 교실을 지키고 계십니다. 저를 비롯하여 대부분의 교사들은 중간 놀이 시간, 점심시간은 학생들이 자유롭게 하고 싶은 활동을 하도록 하지만, 등교 시간 8시 30~9시 사이에는 오늘 하루를 준비하거나 1교시 수업 준비를 할 수 있게 분위기를 차분하게 조성을 해주십니다. 그야말로 책에 집중하기에 좋은 시간입니다.

그렇다면 교실에서 이 시간에 학생들은 무엇을 하고 있을까요?

학생이 20명이라고 가정하면 5명 정도는 책을 읽습니다. 신기하게도 이 친구들은 대부분 35~40분 사이에 교실에 와서 자리에 앉아 있습니다. 책 또한 일주일에 1~2권은 계속하여 바뀝니다. 스스로 읽을 책을 선택할 수 있고, 독서에 흥미를 느끼는 친구들입니다. 5명은 아예 55분 이후 아슬아슬하게 도착하거나 겨우 도착해서 1교시 수업 준비하기 바쁜 학생들입니다. 나머지 대부분의 학생, 절반 정도의 학생들은 그냥 자리에 앉아서 멍 때리고 있습니다. 많은 부모님들의 자녀가 이에 해당되리라 생각됩니다. 등교하고 나서 1교시에 하는 교과서만 책상 위에 꺼내두고 9시까지 가만히 앉아있습니다. 물론 아침에 자다 와서 졸릴 수도 있겠지만, 그냥 보내기엔 너무 아까운 시간입니다. 하루에 30분씩만 독서를 한다고 가정해도 일주일이면 2시간 30분입니다. 한 달(4주 기준)이면 10시간이 되고, 1년이면 182시간입니다. 방학이나 휴일을 다 빼고 순수 수업 일수인 190일이라고 가정해도 95시간은 독서 시간이 됩니다. 6년이면 570시간이나 독서를 할 수 있습니다.

어떤 책이든 매일 읽기

심지어 부모님과 다툴 필요도 없습니다. 학교에서 담임선생님의 관리 하에 아침 차분한 분위기에서 완벽한 상황이 주어지는 시간이 이렇게 많습니다. 우선은 어떤 책을 읽든 괜찮습니다. 매일매일 30분씩 독서를 하려면, 학생들이 자신이 좋아하거나 본인이 읽을 만한 책을 선택해서 대출해오게 되어있습니다. 새 학년 새 학기가 시작되기 전에 부모님이 가족들과 회의를 통해 하루 일과를 조금만 조정해주시면 좋겠습니다. 아침식사를 평소보다 조금 일찍 하고 부지런하게 움직여서 교실에 8시 30분에만 도착할 수 있게 환경을 조성해주시면 됩니다. 그 이후는 담임선생님과 학생들에 의해서 자연스럽게 독서 시간이 갖춰질 것입니다.

책 읽기를
싫어하는 아이들

독서 습관은 공부 습관만큼 중요하고, 초기에 잘 잡아둬야 계속 이어나갈 수 있는 습관입니다. 그러나 잘못된 독서지도는 학생들로 하여금 '책' 자체를 싫어하게 만듭니다. 도와주려던 부모 입장에선 최악의 상황을 맞이하게 됩니다. 독서 습관을 잡는 방법에 있어 저의 가장 기본적인 생각은 '우선 학생들이 책을 좋아해야 한다'입니다. 그렇지 않다면 책을 싫어하는 자녀에게 독서 습관을 억지로 강요하는 셈이니까요.

물론 강압적인 방법을 통해 학생들이 부모님과 교사 앞에서는 책을 읽는 척을 하게 할 수는 있습니다. 그러나 우리가 바라는 것은 누군가의 앞에서만 독서하는 것이 아니라 누가 있든 없든 상관없이 책에 몰입하고 스스로 읽는 습관입니다. 그래서 학생들이 독서를 싫어하게 되는 이유, 책을 싫어하게 되는 이유에 대해 살펴보려고 합니다. 최소한 이런 방법들만 하지 않는다면 기본 전제인 '책', '독서'를 싫어할 일은 없을 것입니다.

서울의 독서연구회에서 초등학생들을 대상으로 한 설문을 바탕으로 1위부터 6위까지 살펴보겠습니다. 역순으로 말씀드리면서 함께, 왜 주위에서 이런 독서 방법을 사용하려고 하는지, 그 방법을 적용해도 괜찮은 학생은 어떤 유형인지도 알아봅니다. 중간중간 순위에서 학부모님들께서 가끔씩 사용하시는 독서 지도 방법 등이 분명히 나올 겁니다. 다만, '이 독서 지도 방법들이 나쁜 방법이 아니라 잘못 적용될 경우에 학생들이 책을 싫어하게 될 수도 있다'는 점을 염두에 두면서 스스로 점검해보세요.

강요는 절대 금지

6위, 영어 등 외국어 독서 강요(6%)입니다.

자녀와 함께 영어책 읽기 하시는 분들 꽤 있으시죠? ORT 등 그림책에서부터 동화책, 글로 단계별로 꾸준히 이어나가실 겁니다. 영어 등의 외국어는 자연스럽게 노출이 많이 되는 것이 좋습니다. 그런데 왜 6위일까요? 독서의 가장 기본은 '즐겁게' '재미있게' 읽어야 하는 것입니다. 한글로 이루어진 책의 재미도 느끼지 못한 학생에게 영어책 읽기는 오히려 더 독서에 대한 거부감을 느끼게 합니다. 영어책을 읽게 하거나 노출시켜주고 싶다면, 자녀들이 정말 좋아하는 책이나 애니메이션 등 내용을 쉽게 파악할 수 있는 수준부터 시작하는 것이 좋습니다. 한글책도 충분히 잘 소화해내고, 영어책에 대한 부담감이 없는 자녀를 두셨다면 꾸준히 이어나가셔도 좋은 방법입니다.

5위, 같은 책을 여러 번 읽게 하는 독서 강요(8%)입니다.

저도 어릴 적 정말 이해가 안 가는 것이 있었습니다. 주위에서 어른들이 "책은 여러 번 읽어라! 읽을 때마다 새롭게 다가올 것이다"라고 얘기하셨습니다. 대표적인 책이 어린왕자였습니다. 지금은 일정 부분 어떤 느낌인지는 알겠으나, 어렸을 때는 '왜 같은 책을 여러 번 읽어야 할까?'에 대한 답을 찾지 못했습니다. 새로운 책도 많고, 다른 내용을 읽고 싶었는데 말이죠. 물론 학생 본인이 관심을 가지는 분야의 책은 너덜너덜해질 만큼 반복해서 읽고 내용을 달달 외우는 책도 있을 테죠. 그런데 그것은 누가 시킨 것인가요? 아닙니다. 학생 스스로 재미있어서, 아는 내용이지만 또 보고 싶었기 때문입니다. 항상 누군가의 강요는 반대 심리로 반항심을 불러일으키기 마련입니다.

4위, 소리 내어 읽게 하는 독서 강요(9%)입니다.

소리내어 읽기의 효과에 대해 들어보신 적 있으신가요? 뇌 과학자인 가와시마 류타 교수는 뇌를 활성화하는 가장 효과적인 방법은 소리내어 읽기라고 생각하였습니다. 아이들을 대상으로 4가지 활동 시 (컴퓨터 게임을 할 때, 단순 계산을 할 때, 글을 조용히 읽을 때, 글을 소리 내어 읽을 때) 뇌의 활성화 정도를 촬영했습니다. 4가지 활동 중에 소리 내어 읽을 때 뇌가 가장 활성화되었고, 기억력도 20%나 활성화되었다는 결과를 도출했습니다. 눈으로만 보는 것이 아니라, 소리까지 내기 때문에 다양한 감각을 통한 뇌의 활성화가 이어진 것이죠. 저도 아직 한글에 익숙하지 못한 학생들에게는 방학이나 집에 있는 동안 소리내어 읽기를 꼭 하라고 지도합니다. 그만큼 많은 도움이 되기 때문입니다. 그러나 5, 6위와 마찬가지로 그냥 눈으로만 읽고 싶은 학생에게 억지로 소리내어 읽으라고 하면 독서 자체가 미워질 수 있습니다. 혹시 자연스럽게 소리내어 읽기를 지도하고 싶으시다면, 자녀가 독서할 때 학부모님도 함께 읽어주세요. 한 문장씩 번갈아가며 읽는 방법, 주인공의 역할을 정해서 그 대사만 소리 내어 읽는 방법 등이 있습니다. 그 어떤 좋은 독서 지도 방법이라도 자연스럽게 다가가고, 재미있어야 한다는 사실을 기억합니다.

　4~6위를 살펴보았는데 대략 어떤 느낌인지 오시나요? 주위에서 '이렇게 하면 좋다'라며 한번쯤은 들어보셨을 내용이고, 각각의 장점들이 있습니다. 다만 이 3가지의 공통점은 '강요'라는 단어가 들어가면 그 어떤 좋은 방법도 거부감을 불러일으킨다는 것입니다. 이어서 보시겠습니다.

　3위, 퀴즈나 문제 등 사실 확인 등을 후속 활동(17%)입니다.
　어른들의 심리는 교사나 학부모님이나 비슷합니다. 자녀가 책을 다 읽었다고 하면 '정말 다 읽었는지', 그리고 '제대로 읽었는지'가 궁금합니다. 그래서 주인공은 누구였는지, 무슨 일을 했는지와 같은 책의 세부적인 사항들을 질문하는 경우가 있습니다. 책을 읽으면 가장 먼저 재미있었다/재미없었다, 큰 흐름은 이 정도구나라고 생각하는 경우가 대다수입니다. 이 여운을 간직해야 할 학생들에게 이렇게 세세한 질문들을 하게 되면 다음 독서부터 큰 틀에 집중하여 몰입하기보다 주인공 이름 외우기 등 작은 내용에 집중하게 되며 독서가 암기로 변해버릴 수도 있습니다. 이로 인해 최소한의 내용을 기억할 수 있는 장점이 있긴 하지만, '반대로 책 내용을 암기해야 하는구나.'라고 생각하는 단점도 생깁니다. 독서 이후에는 책에 대한 세부적인 내용 확인보다는 단순한 소감이나 느낀 점을 얘기하는 것이 좋고, 이보다는 먼저 책을 읽었다는 행동 자체를 칭찬해주세요.

2위, 억지로 읽어야 하는 권장도서 또는 추천도서(22%)입니다.

저는 학생들과 도서실을 자주 가는 편입니다. 그럴 때 고학년임에도 불구하고 스스로 책을 선정하지 못하는 학생들도 많습니다. 저는 그냥 제목이나 그림이 좋거나, 마음이 끌리는 대로 고르라고 합니다. 독서의 이유는 읽고 싶어서 또는 호기심을 충족하기 위해서입니다. 그런데 교육청이나 학교기관 등에서 추천해주는 권장도서가 정말정말 많습니다. 학년별로 수십, 수백 권이 되고 여러 기관을 합치면 감당할 수 없는 양입니다. 물론 아무런 책도 읽지 않는 것보다는 좋겠지만 아이들의 호기심을 끌지 못하거나 수준에 맞지 않는 내용으로 가득한 추천 독서는 호불호가 나뉩니다. 아이들의 호기심과 흥미를 끌지 못하거나 수준에 안 맞는 독서를 억지로 강요하는 것은 자녀들에게 오히려 독이 되니 항상 책을 선정할 때는 자녀의 선택을 중요시해주시면 좋겠습니다. 단, 스스로 어떤 책을 정하기 힘들어하는 학생이라면 오히려 권장도서 목록을 쫙 펼쳐놓고, 그중 제목이 끌리는 것을 선택해서 볼 수 있게 하는 것도 좋은 절충안입니다.

1위, 쓰기 싫은 독후감이 무려 38%나 나왔습니다.

글쓰기 활동, 특히 독후 활동의 딜레마입니다. 독후감을 쓰면 좋다는 사실도 분명하고, 독후 활동을 그만큼 싫어한다는 것도 분명한 사실입니다. 효과 때문에 학교에서도 독후감을 숙제로 내는 경우가 많습니다. 저도 독후감은 쓰도록 하는 편입니다. 다만 형식에는 크게 비중을 두지 않습니다. 무조건 글로 1페이지를 채우는 것이 아니라, 그림을 그리든 8컷 만화 형식으로 하든 본인이 알아서 표현하도록 합니다. 기본적으로 학생들이 글쓰기 활동을 재미있게 시작할 수 있게 하는 것이 핵심입니다. 독서도 즐거운 활동이어야 하고, 글쓰기도 즐거운 활동이어야 하는데, 이 2가지가 합쳐지는 순간 독서도, 글쓰기도 모두 싫어하게 되는 정말 안타까운 상황이 발생하는 것입니다.

자녀가 독후감을 쓰기 싫어한다면 우선은 책 제목과 감상 한 줄씩만 적게 해주세요. 이후 조금씩 써야겠다는 생각을 한다면 형식적인 부담을 느끼지 않도록 줄거리 요약, 느낀 점 서술 등이 아니라 학생이 자유롭게 마음껏 적을 수 있도록 해주세요.

지금까지 학생들이 독서를 싫어하게 되는 이유에 대해 살펴보았습니다. 6가지 독서 지도나 활동 등은 정말 좋은 독서 지도 방법입니다. 다만, 그 독서 습관에 '강요'나 '억지로' 등이 붙으면 최악의 상황으로 이어진다는 사실을 잊지 마세요.

독서에 흥미를
갖기 위한 방법

우리 자녀들이 '독서는 재밌는 활동이야!'라는 생각을 가지면 얼마나 좋을까요? 이번에는 독서를 좋아하게 만드는, 책에 흥미를 갖도록 도와줄 수 있는 방법을 알려드립니다. 저의 담임 경험을 바탕으로 실제 효과가 있었던 방법을 가정에서까지 이어졌으면 하는 바람으로 준비하였습니다. 가장 효과가 좋은 방법부터 5가지를 안내해드리겠습니다. 4~5번 방법까지 가기 전에 자녀분들이 독서에 흥미를 느끼면 좋겠습니다. 그리고 매 방법마다 저의 경험과 팁도 추가해서 말씀드리겠습니다.

관심이 가장 중요하다

첫째, 부모님께서 먼저 책 읽는 모습을 보여주세요. 모범의 중요성은 모두가 알고 있습니다. 저는 학생들이 등교하는 시간, 대략 8시 30분부터 책을 꺼내서 읽기 시작합니다. 학생들이 문을 열고 들어오면서 저와 자연스럽게 눈을 맞추며 인사를 합니다. 학생들은 인사를 하면서 어떤 생각을 했을까요? '어, 선생님 책 읽으시는구나. 나도 조용히 해야겠다'. 또는 '나도 독서해야지.'라는 생각으로 자연스럽게 이어질 겁니다. 반대로 제가 업무로 인해 컴퓨터를 하거나 노래를 틀어놓는다면 학생들은 어쩔 수 없이 마음이 들뜨게 되어 있습니다. 제가 독서를 하고 있는 모습을 보여준 날과 그렇지 않은 날의 분위기는 확실히 달랐습니다. 가정에서는 누가 이런 행동을 보여주실 수 있을까요? 당연히 부모님입니다. 자녀가 학원이나 밖에 갔다가 집에 돌아왔을 때 텔레비전, 핸드폰을 보고 있는 모습과 독서하는 모습 중에 어떤 모습을 보여주고 싶으신가요? 나의 모습이 자녀의 미래 모습이라고 생각하시면 조금 더 진지해지리라 생각합니다.

꾸준히 책을 읽는 모습을 보여주는데 자녀가 별다른 관심을 보이지 않는 것 같다고 생각이 드시면 조금 오버나 과장을 보여주셔도 좋습니다. 저 같은 경우에 도서는 인터넷서점에서 학교로 배송을 시킵니다. 일부러 뜯지 않고 눈에 띄는 교실 주변에 둡니다. 다음날 학생들이 내용물을 엄청 궁금해하면서 언박싱을 합니다. 택배 상자 안에는 2~3권의 책이 있고 학생들은 정말 신기하게도 책 제목을 살펴보고, 이리저리 꺼내보며 책을 살펴봅니다. 심지어 다 읽고 빌려달라는 학생들도 있었습니다. 이렇게 보여주기 식으로 '엄마아빠도 항상 곁에 책을 두고 있어!'라는 것을 보여주시면 좋겠습니다.

둘째, 독서 시간을 정해서 함께 책을 읽어주세요.

부모님을 따라서 책을 읽지는 않았지만, 자녀들 머릿속에 인식은 생겼을 겁니다. '우리 부모님은 책을 항상 읽으셔.' 이제 가족들끼리 옹기종기 모여서 독서 시간에 대한 얘기를 나눠주세요. 온 가족이 함께 정기적인 독서 활동을 위한 시간을 정하는 겁니다. 일방적인 강요가 아니라 모두가 괜찮다고 인정한 시간이어야 합니다. 아침이든 저녁이든 크게 중요하지 않습니다. 중요한 것은 일관성 있게 꾸준히 모두가 유지해야 합니다. 시간은 어떻게 정하면 좋을까요? 모두가 부담 없을 시간부터 시작해서 조금씩 늘려 나가시면 됩니다. 10분부터 시작했다가 15분, 20분 슬금슬금 조금씩 늘려나가면 부담 없습니다. 그리고 이 시간에는 약간의 간식이나 카페 분위기를 조성해주시는 것도 좋은 방안입니다. 거실이든 놀이방이든 '공부와 관련 없이 정말 마음 편안하게 온 가족이 즐기고 있다!'라는 분위기를 느낄 수 있게 조성해주는 겁니다. 자녀가 온가족 독서 시간을 떠올릴 때, 기대감과 즐거움을 떠올릴 수 있도록 말이죠.

셋째, 매일 부모님이 직접 읽어주세요.

어린 시절로 돌아가는 방법입니다. 무릎에 앉히든 머리맡에 두든 꼭 붙어서 읽든 직접 읽어주시는 행동은 자녀와의 친밀감뿐 아니라 책에 대한 흥미로 갖게 해줍니다. 실제로 어휘력과 문장력 발달 효과를 불러일으킨다는 연구 결과도 있습니다. 짧게는 하루에 10분이라도 좋고, 상황이 괜찮으시다면 길게 읽어주셔도 좋습니다. 누군가 책을 읽어주는 것은 은근히 많은 학생들이 좋아합니다. 자신에게 책을 읽으라고 하는 것도 아니고, 듣기만 하는 것이니 큰 부담은 없을 겁니다.

"에이, 선생님 우리 애들 벌써 중학년, 고학년입니다. 다 큰애가 부모인 제가 읽어준다고 달라질까요?" 한번 해보세요. 저는 교실에서 반 전체 학생들에게 가끔씩 책을 읽어줍니다. 제가 1학년부터 6학년까지 모두 읽어줬는데 집중도는 비슷했습니다. 물론 짧은 책이었고 학생들이 나름 재밌어할 만한 책을 선정했긴 하지만, 고학년 친구들도 처음에 "선생님이 무슨 책을 읽어줘요~." 하며 핀잔을 주지만 막상 끝날 때까지 잘 들었습니다. 오히려 '내가 고학년인데 이런 경험도 하네?'라는 느낌도 받습니다. 그래도 언제까지 매일 읽어주실 순 없잖아요? 그럴 때는 몇 가지 방법이 있습니다. 정말 하이라이트 부분에서 한번 끊어보세요. 내일까지 기다릴 수도 있지만, 궁금하면 본인이 읽을 수밖에 없습니다. 또는 읽다가 목이 아프다며 번갈아가면서 읽자고 하셔도 되고, 오늘은 부모님, 내일은 자녀, 이렇게 순서를 정하셔도 좋습니다. 궁극적으로는 자녀가 혼자서 읽는 것이 목적이니까요.

이 3가지 방법은 가정에서 할 수 있는 방법들과 우리 학부모님들의 신경과 관심으로 자녀가 책에 흥미를 붙일 수 있는 내용들이었습니다. 다음 2가지는 가정에서 벗어나 주위 환경을 통해서 조금이나마 책에 대한 관심을 가질 수 있도록 유도해주는 방법들입니다.

환경 바꿔주기

넷째, 도서관, 서점에 자주 방문해주세요.

이런 환경은 학생 스스로 책을 찾는 즐거움을 느낄 수 있는 좋은 기회입니다. 충분한 시간을 주고, 본인이 흥미를 느끼고 관심을 가지고 있는 분야에 가서 자유롭게 관찰하고 접근할 수 있게 해주시는 것이 바람직합니다. 그런데 자녀가 고민 끝에 책을 선택해왔는데 학부모님께서 "야! 이런 책 말고 좋은 책 좀 읽어!" "이 책 집에도 있는데 왜 여기까지 와서도 이거야?"라고 말하면 도서관도 서점도 다음번에는 오고 싶지 않을 겁니다. 또한 도서관, 서점은 아무래도 책 읽는 활동을 좋아하는 사람들이 모이는 곳입니다. 주변을 둘러봐도 책과 가까운 사람들뿐입니다. 가까운 도서관이 있다면 사진도 찍고 도서관 회원증도 만들어주면 소속감도 느끼게 되며, 정기적으로 도서관에 와서 읽고 싶은 책을 대출할 수 있는 기회를 제공해줄 수 있습니다. 그리고 함께 도서관에 오가는 길에 산책도 하고, 간식도 종종 먹으며 행복한 시간을 가진다면 도서관은 좋은 장소, 좋은 기억으로 연결될 수 있습니다.

다섯째, 독서 교육 프로그램에 참여해보세요. 학교나 도서관, 공공기관에서 종종 독서 프로그램을 실시합니다. 동화책 구연, 스토리텔링, 그림책 만들어보기 등 학생들이 직접 흥미를 느끼고 참여할 만한 다양한 주제들로 구성되어 있습니다. 또한 강사들이 독서 교육에 대한 전문가이기 때문에 자녀도 책에 대한 흥미를 느낄 수 있고, 학부모님들도 강사가 어떻게 학생들에게 도움을 주는지를 파악하여 가정에서도 비슷하게 실천해볼 수도 있습니다. 이렇게 소규모로 참여하는 독서 교육 프로그램뿐 아니라 우리가 잘 알고 있는 책을 토대로 만들어진 인형극, 연극, 영화 등을 관람시켜주고 관련 전시회에 노출시켜주는 것도 책, 독서에 대한 흥미와 책에 대한 넓은 시야를 가질 수 있게 될 것이라 생각합니다.

    지금까지 독서에 흥미를 붙일 수 있는 5가지 방법에 대해 살펴보았습니다. 학생마다 성향이 달라 이 방법 외에 더 좋은 다양한 방법들도 있을 겁니다. 그래도 '우리 가족들은 독서에 관심이 많아! 다들 독서를 즐거워해!'라는 생각을 자녀가 자연스럽게 가질 수 있도록 하는 방법만큼 좋은 방법은 없다고 생각합니다. 자유시간이 생겼을 때, "그럼 나는 책 읽을래요!"라는 말이 나오는 그날까지 모두 힘내시기 바랍니다.

학습 결손이 생기면
발생하는 문제점

학습 결손이란 지금까지 배운 학습 내용 중에 일정 부분 공백이 있거나 불완전한 학습 상태를 말합니다. 더 쉽게 표현하자면, 학생이 모르는 내용이 있다는 것입니다. 예를 들어 3학년 학생이라면, 1학년부터 3학년 사이에 배운 내용 중에 모르는 개념이 있으면 학습 결손이 발생했다고 보면 됩니다. 처음에는 겉으로 많은 티가 나지 않겠지만 점점 쌓일수록 심각한 문제가 발생합니다.

계속하여 학습 결손이 발생하면 나타나는 문제점은 무엇일까요?

첫째, 수업 시간에 가장 큰 영향을 미칩니다. 학습 결손이 많이 발생한 학생일수록 수업 시간이 지루하고 재미없어질 수밖에 없습니다. 초등학교는 특히나 학년간 내용의 연계가 긴밀하게 이루어진 과목들이 많습니다. 대표적으로 수학을 예로 들어보겠습니다. 1학년 때는 수와 덧셈을 배우고, 2학년에는 곱셈을 배우게 됩니다. 이후에는 곱셈을 이용한 분수나 소수 계산 등으로 이어지죠. 아래 표로 보겠습니다.

학습 결손이 발생하지 않는 A학생

A학생	수업 시간	학습 결손	문제점
1학년	수, 덧셈	X	
2학년	곱셈	X	문제점 없음
5학년	분수의 곱셈	X	

학습 결손이 발생한 B학생

B학생	수업 시간	학습 결손	문제점
1학년	수, 덧셈	X	
2학년	곱셈	O	곱셈에 대한 개념이 완벽히 잡히지 못함
5학년	분수의 곱셈	O	곱셈을 모르기 때문에, 곱셈 관련 모든 개념을 모름

즉, B학생의 경우 수업 시간에 집중하지 못할 가능성이 확 높아집니다. 선생님이 하는 말이 들리기는 하지만, 도대체 무슨 말씀을 하고 있는지 이해를 못하기 때문입니다. 자연스럽게 다른 생각에 빠지게 되고, 해당 수업 내용에서 또 결손이 발생합니다. 학교생활에서 수업 시간이 차지하는 비중이 가장 큽니다. 그렇기 때문에 수업 시간에 집중하고, 즐겁게 참여하기 위해서 학습 결손이 없어야 합니다.

둘째, 개인의 자존감과도 밀접한 관련이 발생합니다. 주위 친구들의 시선은 둘째치더라도 사실 본인 스스로 학습 결손이 있다는 것을 알고 있습니다. 수업 시간에 배우는 내용이 무슨 내용인지 모르지만, 선생님이나 주위 친구들에게 모른다고 말하기가 부끄럽고 창피한 마음이 들어 더욱 움츠러들게 됩니다. 심지어 교사의 지목을 받아 자신의 발표 순서가 되었을 때, 제대로 답변하지 못하게 되면 고개조차 들지 못할 수도 있습니다.

수업 시간에 이렇게 학습된 무기력이 발생하고, 자존감까지 낮아지면 당연히 쉬는 시간을 포함한 친구 관계나 학교생활에서도 이런 부분이 영향을 미칠 수밖에 없습니다. 괜히 친구들이 나를 무시하는 것처럼 느끼게 되고, 자신감이 하락하게 됩니다. 물론 학생 스스로가 학습 결손이 있다는 것을 알고, 학습 결손을 없애기 위해 노력할 수도 있지만, 대부분의 학생들이 그렇지 않다는 것이 더 안타까

운 현실입니다. 학습 결손을 어떻게 극복할 수 있을지, 학생 자기주
도학습을 위해서는 어떤 방법들이 있는지 이어가겠습니다.

자기주도학습을 위한
계획 세우기

자녀가 어떤 방식으로 공부하고 있나요? 공부 시간을 정해놓고 그 시간만큼 하는 가정도 있을 테고, 공부량을 정해둔 가정도 있을 겁니다. 많은 분들이 저에게 학년별 적정 공부 시간에 대해 질문을 하십니다. '어떻게'보다는 '얼마나' 하면 좋을지에 대한 질문이었습니다. 저는 그 고민에 앞서, 학습 시간을 정하는 것이 좋을지, 매일 도달해야 할 학습량을 정해놓는 것이 좋을지에 대한 안내가 중요하다고 봅니다.

공부 시간이 중요할까요? 학습량이 중요할까요?

현재 학부모님의 교육 방식 또는 학생 본인의 학습 방식에 따라 각자의 방법대로 공부를 하고 있을 거예요. 그렇다면 위의 2가지 방식 중에 무엇이 더 효과적일까요? 결론부터 말씀드리면, '무엇'을 공부하느냐에 따라 다릅니다. 그리고 그 무엇에 따라 더 적합한 공부 방식을 적용하는 방법이 가장 좋은 활용 방안입니다. 그럼 2가지 공부 방식의 대표적인 장점과 단점 1가지씩만 실제 학생들과 학부모님들이 느끼는 고민을 토대로 말씀드리겠습니다.

첫째, '학습할 시간'을 정하는 방식입니다.

정해놓은 시간 동안 책상에 앉아 있는 학생을 보면 학부모님은 만족하실 겁니다. 최소한 그 시간은 공부했다고 생각하실 테니까요. 반면 학생 입장에서는 지루한 시간일 수도 있습니다. 수학연산을 예로 들어, 30분 만에 끝낼 수 있음에도 불구하고, 1시간을 채워야 하니까요. 공부 시간이 길어질수록 무의미하게 흘러가는 시간이 발생할 수 있습니다.

둘째, 매일 공부해야 하는 학습량을 채우는 방식입니다.

해야 할 양을 다 채우면 공부가 끝나니 학생들의 집중도와 몰입도가 커지는 장점이 있습니다. 반면, 학부모 입장에서는 공부 시간이 줄어드는 느낌을 받고, 제대로 한 것인지 의문이 들 수도 있습니다. 예를 들어, 책 1권 읽기가 목표라면 그냥 대충 휙휙 넘기면서 '1권 끝~' 이렇게 대충 넘기는 단점이 있을 수 있습니다. 제가 드리고 싶은 말씀은 다양한 공부 유형이 있는데, 오직 1가지 방식만으로는 효율적이지 않다는 것입니다.

	장 점	단 점
학습 시간 정하기	목표 시간을 채울 수 있음	목표 시간만 채우기 위해 집중하지 않을 수 있음
학습량 정하기	빠르게 집중할 수 있음	공부 시간이 부족할 수 있음

단순 반복적인 연산이나 문제 풀이, 또는 개념을 정확히 이해하고 문제에 적용하는 과목들은 학습량으로 정해줍니다. 대표적으로 매일 연산 몇 문제, 과학 등 개념 위주 복습 및 문제 풀기 등등 굳이 많은 시간을 투자하기보다 집중해서 끝낼 수 있는 영역들은 학습량으로 정해주는 겁니다.

반면에 독서나 국어, 영어, 글쓰기 등 많은 시간을 투자하여 노출시켜주고, 그를 통해 다양한 사고로 이어질 수 있는 영역들은 학습 시간을 정해주고 그 안에서 마음껏 생각할 수 있게 해주는 것입니다. 다만 학생 성향에 따라서 몇 문제 연산하는 데 계산 실수가 잦으면 오랜 시간 연산에 투자해야 하고, 시간이 여유로우면 천하태평해지는 학생 등 이런 경우는 유동적으로 적용해줍니다.

	내 용	과목(예시)
학습 시간 정하기	이해나 사고 위주의 과목	국어, 과학, 독서
학습량 정하기	개념 · 지식 위주의 과목	수학, 사회

※ 과목보다는 과목 내 영역에 맞는 학습법을 선택하면 됩니다.

사실 이런 지도의 궁극적인 목표는 학생의 자기주도학습입니다. 어릴 때는 주로 부모님의 의견대로 공부를 합니다. 그러다 점차 학년이 올라갈수록 자신에게 맞는 방식을 찾아가게 되어 있습니다. 학생들 중에는 이미 주어진 시간 내에 해야 할 것들을 다하고, 추가적으로 할 것이 있나 찾아서 해결하고, 스스로 계획을 세우고 실천하는 학생들이 분명 있습니다. 이런 학생들, 즉 자기주도학습이 자리 잡힌 학생들에게는 별도로 안내해줄 필요가 없습니다. 그러나 아직 이런 습관이 잡히지 않은 학생들에게는 학부모님들께서 다양한 방향을 제시해주시고, 자녀 스스로 맞는 방법을 선택하도록 해주셔야 합니다. 중학생, 고등학생이 될수록 대부분 학부모님의 손을 떠나서 스스로 판단하고 실천하게 될 테니까요.

자기주도학습을 위한
학부모의 마음가짐

언제쯤이면 학생들이 자기주도학습을 하는 날이 올까요? 사실 학부모들 마음속에는 '그런 날이 올 거야.'라고 기대하는 마음 반, '그런 날이 정말 오긴 올까?'라는 불안한 마음이 공존하지 않을까 합니다. 학생들마다 이미 혼자서 많은 부분을 계획하고 실천하는 수준도 있을 테고, 반대로 혼자서 아무것도 하지 못하는 수준도 있을 겁니다. 학생들의 자기주도학습을 위한 각 과목별 학습법 및 습관에 대해 안내하고 있는데, 그만큼 학부모님의 마음가짐도 정말 중요한 요소입니다.

한번 생각해봅시다. 우리가 어떤 마음을 지니고 학생(자녀)을 봐라봐야 할까요? 가장 기본 전제는 '자녀가 자기주도학습을 할 수 있다고 믿어야 한다.'에서 비롯됩니다. 자녀들이 혼자 못 해서 답답해하시는 분들은 '이게 무슨 말이야!'라고 생각하실 수도 있습니다. 가정에서 아무리 잔소리하고 숙제하라고 소리쳐도 듣지 않는 학생들이 있다는 것도 알고 있습니다. 교실에서도 마찬가지니까요. 그냥 조금 생각을 다르게 해보면 어떨까 합니다.

예를 들어, 일기라는 숙제가 있습니다. 일기는 누가 해야 하는 것인가요? 맞습니다. 당연히 학생이 해야 하는 활동입니다. 그럼 '내일 학교 가기 전까지 일기를 써야 해.'라는 생각은 누가 가져야 자연스러운 거죠? 학생들입니다. 제가 드리고 싶은 부분이 바로 학생들이 이런 마음을 가질 수 있도록 해주자는 것입니다. 학교 수업이 끝나고 돌아온 자녀들은 머릿속에 또는 알림장을 통해 내일까지 내야 할 '숙제'가 있다는 것을 인지하고 있습니다. 그런데 도중에 누군가 "너 얼른 일기 써! 숙제부터 해."라고 말하는 순간, 자발성이 무너집니다. 1번 말했을 때 듣지 않으면 2번, 3번 반복하여 잔소리가 시작됩니다. 결국 이런 행동은 '우리 애가 일기를 쓰게 만들어야지.'라는 부모님의 과제가 되고, 학생들은 부모님의 지시에 따라 일기를 쓰게 됩니다.

초반에는 쉽지 않고 답답하실 수 있습니다. 그러나 중고등학생이 되어서까지 '오늘 해야 할 공부 계획은 이거야!'라고 알려줄 수는 없잖아요. 그렇기 때문에 초등학생 시절 자기주도학습을 할 수 있도록 지원해주셔야 합니다. 자녀가 스스로 할 수 있다는 가정 하에 이어서 말씀드리겠습니다.

당연히 초등학교 저학년 시절에는 자기주도학습을 하기 어렵습니다. 그렇다고 해서 완전히 학부모님 주도 하에 모든 학습을 진행하면 그대로 굳어질 가능성이 높습니다. 특히 저학년 부모님들이 많이 간과하고 실수하는 부분이 이런 부분입니다. '우리 애는 어려서 잘 몰라요. 그래서 도와주는 거예요.' 그럼 학생들이 앞으로 혼자 해야겠다는 마음을 지닐까요? 이런 자립심보다는 '엄마한테 물어봐야지~.'라며 의존하게 될 가능성이 높습니다.

즉, 학년이 올라갈수록 학습 주도권을 조금씩 자녀에게 넘겨주는 방안을 추천해드립니다. 자녀와 대화를 통해서 언제쯤을 목표 학년으로 할지 정하면 됩니다. 예를 들어 학습 주도권을 100%로 가정했을 때, 1학년 시절에는 학부모님 90%, 자녀 10%의 비율로 시작해보겠습니다. 이후, 1학년씩 올라갈수록 자녀의 비중을 늘리는 방향으로 계획합니다. 비율은 학생의 자기주도학습 수준에 맞게 올려주면 됩니다. 스스로 충분히 잘해낸다고 생각이 들면 더 많이, 아직 학부모의 개입이 필요하다고 생각하면 천천히 올려주면 됩니다.

단순 수치상으로 가정을 하였지만, 위와 같은 방식으로 학생들이 자신의 학습주도권을 가져야 한다는 표입니다.

1년에 주도권 비중을 10%씩 넘길 경우

비중	1학년	2학년	3학년	4학년	5학년	6학년	중학생	고등학생
학부모	90	80	70	60	50	40	30	20
학생	10	20	30	40	50	60	70	80

1년에 주도권 비중을 15%만큼씩 넘길 경우

비중	1학년	2학년	3학년	4학년	5학년	6학년	중학생	고등학생
학부모	90	75	60	45	30	15	0	0
학생	10	25	40	55	70	85	100	100

그럼 저학년(1, 2학년), 중학년(3, 4학년) 시절에는 어떤 방법으로 학생의 주도권을 가질 수 있도록 해줄까요? 몇 가지 예시를 들어보겠습니다. 일상생활에서 학부모님께서 고민하시는 질문을 자녀에게, 자녀에게 해주었던 활동을 학생이 스스로 할 수 있도록 해주시면 됩니다.

구분	질문 및 상황 예시
생활 측면	• 어떤 책을 읽고 싶은지 고를 수 있도록 함(학부모 → 자녀) • '계획표'를 학생 스스로 작성할 수 있도록 함(학부모 → 자녀) • 실천하지 않는다면, 계획에 대해서만 잘 되고 있는지 언급함
학습 측면	• 학교 숙제가 있는지만 물어봄 • '어떤 과목'을 공부하고 싶은지 의견 물어봄 • 서점에 가서 여러 문제집을 펼쳐보고, 마음에 드는 문제집을 학생 스스로 선택할 수 있도록 함

최상위권을 구분 짓는
국어 공부법

상위권을 구분 짓는 과목은 수학이고, 최상위권을 구분 짓는 것은 국어라는 말이 있습니다. 모든 과목의 기본 바탕이자 출발점인 초등 국어를 어떻게 공부하면 좋을까요? 확실히 국어는 다른 과목에 비해 어떻게 공부해야 할지, 어떻게 도와줘야 할지 약간 막연할 수 있습니다. 실제 교실에서는 학생들이 어떤 부분을 어려워하는지 살펴보면서, 전반적인 국어 학습에 대한 내용으로 이어가겠습니다. 국어는 크게 몇 개의 영역으로 나뉘는지 아시나요? 국어는 듣기 말하기, 읽기, 쓰기, 문법, 문학 5가지 영역으로 분류됩니다.

다른 과목은 각 영역별로 학년에 따라 무슨 내용을 배우는지 간단히 알아보고 어떻게 준비해야 할지 국어는 조금 다르게 안내해드리겠습니다. 왜냐하면 각 영역에 나오는 내용과 작품들 자체가 중요하다기보다 이런 내용들을 통해 영역의 본질을 향상시키는 것이 목적이기 때문입니다. 예를 들어, 수학은 도형이라는 상위 영역 그 자체보다는 삼각형, 사각형 등의 개별적인 개념을 정립하는 것이 핵심이라면, 국어는 인사, 말하기, 대화하기, 발표하기 등의 세부적인 사항보다는 상위 영역인 듣기 말하기 능력을 향상시키는 것이 더 중요하다는 뜻입니다. 즉, 국어 공부는 '듣기 말하기, 읽기, 쓰기, 문법, 문학 능력을 향상시키기 위해 어떤 부분을 신경 써야 할까?'가 학습의 핵심입니다.

듣기 말하기 영역

모든 언어의 시작은 듣고, 말하기입니다. 모국어다 보니 태어나면서부터 평생을 듣고, 말을 하게 됩니다. 자연스럽게 초등학교 입학하기 전까지 가정에서, 그리고 일상생활에서 듣고 말하기의 습관들이 그대로 이어지는 경우가 많습니다. 그렇기 때문에 이 습관은 쉽게 고쳐지지 않는 영역입니다. 학년이 올라갈수록 듣기 말하기와 성적의 연관은 줄어들 수 있으나, 성격과 생활에 있어서 가장 중요한 영역입니다.

학년별 내용을 보면 아시겠지만, 학교에서 배우지 않아도 가정에서 습득 가능한 내용입니다. 인사하기, 대화하기, 예의 지키기, 발표하기 등 머리로는 알지만, 습관이 되어 있지 않아 실천하기 힘든 영역입니다.

국어 듣기 말하기 내용 분류표

	1~2학년	3~4학년	5~6학년
핵심개념	• 인사말 • 대화(감정 표현) • 일의 순서 • 자신 있게 말하기 • 집중하며 듣기 • 바르고 고운말 사용	• 대화(즐거움) • 회의 • 인과 관계 • 표정, 몸짓, 말투 • 요약하며 듣기 • 예의 지키며 듣고 말하기	• 구어 의사소통 • 토의/토론 • 발표(매체 활용) • 체계적 내용구성 • 추론하며 듣기 • 공감하며 듣기

마찬가지로 학생들이 이론적으로는 발표를 어떻게 하면 되는지, 목소리는 어느 정도로 하면 좋을지 등등을 다 알고 있습니다. 그러나 교실에서 선생님과 이에 대한 수업을 배웠다고 한순간에 바뀌기는 어렵습니다. 어릴 적부터 또는 지금부터라도 꾸준하게 자신의 의견을 말하는 연습이 필요하고, 가족이나 누군가 자신의 의견을 집중해서 들어주고 있다는 인식과 자신감이 자리 잡혀야 합니다. 또한 다른 사람이 이야기할 때는 끝까지 경청하고, 의견을 주고받는 대화

습관만이 듣기 말하기 영역을 향상시키는 최고의 방법이라 생각합니다. 가정에서의 역할이 정말 중요합니다.

읽기 영역과 문학 영역

문학이든 비문학이든, 글이 짧든 길든 상관없이 다양한 글을 제대로 읽을 수 있고, 그 의미를 파악할 수 있느냐가 핵심입니다. 그래서 많은 전문가들의 의견은 하나로 모아집니다. 다들 아시죠? 네, '독서'입니다. 그러나 저는 단순 독서만으로는 읽기 능력을 향상 시킬 수 없습니다. 읽기 능력 향상을 위한 독서와 문학 영역 향상을 위한 독서는 다릅니다. 학생들에게 세세한 질문은 하지 않으며 독서 그 자체의 즐거움과 흥미를 느끼도록 하는 것은 '문학 영역'의 독서입니다. 공부라고 생각하지 않도록, 스트레스 받지 않게 문학 작품에 빠질 수 있게 하는 것입니다. 그러나 '읽기 능력'을 향상시키기 위한 독서에서는 2가지가 필요합니다. 정확히 이해했는지를 파악해야 하고, 어휘력 공부까지 해야 합니다. 생각보다 학생들이 지문 읽고 답하는 것을 정말 어려워합니다. 지문에 정답이 나와 있음에도 불구하고 찾는 것조차 어려워합니다.

내 아이는 어떤지 궁금하시죠? 이 부분을 판단하기는 쉽습니다.

자녀의 교과서를 펼쳐보시면 됩니다. 지문 뒤에 바로 등장하는 질문에 빈칸이 많을수록 어려워하는 겁니다. 글의 내용을 잘 파악하고 문제까지 해결하는 학생이라면 지금까지 독서 방법을 그대로 유지해도 괜찮습니다. 그렇지 않은 학생이라면 지금의 독서 습관에 살짝 변화를 주어야 합니다. 단순히 책만 읽는다가 아니라 제대로 책을 읽고 이해한다로 나아가야 합니다. 두 번째 말씀드렸던 어휘력은 국어에서 차지하는 비중이 정말 큽니다. 책을 읽다가 모르는 단어가 나오면 맥락을 통해 유추해보고(1단계), 국어사전을 통해 정확한 뜻까지 파악하는 방식(2단계)으로 꾸준히 진행한다면 어휘력을 증진시키면서 읽기 능력도 향상시킬 수 있습니다.

쓰기 영역과 문법 영역

본인이, 또는 우리 자녀가 글쓰기, 문법 실력이 어떤지 궁금하시다면 일기장이나 독서록을 펼쳐서 최근 2~3편만 읽어보세요. 형식이 다양할수록, 주제가 다양할수록 글쓰기에 자신 있는 학생일 가능성이 높습니다. 반대로 전부 비슷한 형태이면 아직 글쓰기를 어려워하는 것입니다. 맞춤법은 눈에 보이는 그대로입니다. 사실 꾸준히 글을 쓰는 것이 가장 효율적인 방법이면서 동시에 그만큼 학생들이 귀찮아하고 재미없다고 느끼는 활동입니다. 여기서 핵심은 학생들이 글쓰기를 싫어하게 되는 이유를 없애줘야 합니다. 글쓰기를 싫어하는 대표적인 이유로는 글쓰기 방법을 배운 적이 없어서, 글을 쓰면 칭찬보다는 평가나 잔소리의 피드백을 많이 받아서 억지로 써야 하는 경우나 형식을 지켜야 하는 경우 등입니다.

매일 글쓰기를 하면 학생 입장에서는 부담스럽습니다. 이 경우 매번 다른 주제를 떠올리기 힘들기 때문에 글을 억지로 쓰게 될 가능성이 높아집니다. 주 몇 회 일정 시간을 글쓰기 하는 시간으로 정해주세요. 글쓰기라고 거창하게 논술 이런 것이 아니라 단순 학교 숙제인 독서록과 일기만으로도 충분합니다. 앞에서 말씀드린 대로 가장 중요한 것은 글쓰기에 흥미를 느끼거나 부담감을 줄여줘야 합니다. 어떤 내용을 써야 할지 모르는 학생들은 쓰고 싶은 주제를 자유롭게 생각하는 연습을 하게 하고, 그것도 어렵다면 인터넷에 '주제 일기'라고 검색해서 그중 마음에 드는 것을 골라 써도 됩니다. 추가적으로 학교 쓰기 영역과 함께 나아가고 싶다면 아래 보이는 쓰기 영역에서 학년에 맞는 진도를 나가거나, 학습 수준에 따라서 위의 학년군, 아래 학년군을 내용 요소를 선택해서 쓰면 됩니다. 여기 내용 요소에 대한 글쓰기를 적을 수 있다면 앞으로의 모든 글쓰기가 가능한 수준이 됩니다.

핵심 개념	쓰기 학년별 내용 요소		
	1~2학년	3~4학년	5~6학년
목적에 따른 글 유형 (정보전달, 설득, 정서표현)	• 주변 소재에 대한 글 • 겪은 일을 표현하는 글	• 의견을 표현하는 글 • 마음을 표현하는 글	• 설명하는 글(목적과 대상, 형식과 자료) • 주장하는 글(적절한 근거와 표현) • 체험에 대한 감상을 표현한 글
쓰기의 구성 요소	• 글자 / 문장 쓰기	• 문단 쓰기 • 시간의 흐름에 따른 조직	

문법은 본인이 어떤 것을 자주 틀리는지 알아야 하고, 자주 눈에 반복해서 익힐 수 있어야 합니다. 독서를 즐기는 학생이라면 자연스럽게 표준어나 맞춤법에 대해 눈에 익히게 됩니다. 그러나 독서보다는 핸드폰, 컴퓨터 등에 익숙한 요즘 학생들은 띄어쓰기, 맞춤법에 정말 취약합니다. 매년 일기장, 독서록을 볼 때마다 놀라곤 합니다. 하지만 본인이 고쳐야겠다는 다짐을 하지 않으면 아무리 교정해 줘도 일주일 지나면 금방 잊어버리고 원래대로 돌아옵니다. 포스트 잇이나 A4용지 등에 자주 틀리는 단어나 어려운 맞춤법을 1, 2개씩 적어놓고 화장실이나 냉장고, 또는 집 곳곳에 붙여두는 방법이 가장 평화롭게 문법 영역을 향상시킬 수 있는 방법입니다. 학생들은 괜히 별 것도 아닌데 잔소리한다고 생각할 수도 있기 때문에 위와 같은 방식으로 자연스럽게 노출시키는 것도 방법입니다.

다섯 가지 영역을 배우는
초등 수학

초등학교에 입학한 순간부터 의무교육과 입시 전쟁이 끝날 때까지 항상 학생들을 따라다니는 수학. 이 모든 수학 과정에서 가장 중요하고 기본이 되는 초등학교 수학 공부를 어떻게 도와주는 것이 좋을까요? 초등학교 6년간의 수학 흐름, 그리고 각 영역에 대한 안내와 구체적인 학습 방법을 설명해드립니다.

우선 초등수학은 5가지 영역으로 분류가 됩니다. 수와 연산, 도형, 측정, 규칙성, 자료와 가능성 많이 들어보셨을 겁니다. 그럼 이 5가지 영역 중에서 무엇을 잘해야 할까요? 네, 당연히 5가지 영역 전부

골고루 잘해야 합니다. 5가지 세부 영역들을 각각 제대로 이해하고 있어야, 학년이 올라갈수록 이 영역들이 복잡하게 얽이며 등장하는 서술형 문제나 어려운 문제도 해결할 수 있습니다. 그러나 학생들 입장에서는 5가지 영역 중에서 자신 있는 영역이 있고, 그렇지 않은 영역이 있을 겁니다. 후자가 많아질수록 수학포기자로 이어질 가능성이 높아집니다. 그래서 우리 아이가 어떤 영역을 특히 어려워하는지, 무슨 개념이 약한지 등을 파악하는 것이 가장 중요합니다. 그래야 그 부분을 충분히 보완하고 앞으로 나아갈 수 있습니다.

수와 연산 영역

수는 사물의 개수나 양을 나타내기 위한 가장 기본적인 개념으로 수학의 모든 영역에 필수적입니다. 연산은 덧셈, 뺄셈, 곱셈, 나눗셈 등의 개념을 정확히 이해하고, 순서나 방법에 따라 제대로 계산할 수 있도록 학습하는 영역입니다. 여기서 수학의 가장 큰 핵심이 모두 나왔습니다. '개념'을 정확히 이해하고, 제대로 '계산, 또는 연산' 할 수 있는가? 위 2단계는 수와 연산 영역뿐 아니라 수학의 전부입니다. '1단계, 개념 이해, 2단계 연산' 앞으로 계속 반복해서 들으실 테니 기억하면 좋겠습니다. 게다가 개념 확립에 가장 좋은 것은 '수학교과서', 연산에 도움을 주는 책은 '수학임힉책'이라고 자신 있게 말씀드립니다. 각종 문제집과 학습지는 이 2가지가 완벽하게 끝나고 나서, 추가로 필요성이 느껴졌을 때입니다.

핵심 개념	학년(군)별 내용 요소		
	1~2학년	3~4학년	5~6학년
수의 체계	• 네 자리 이하의 수	• 다섯 자리 이상의 수 • 분수 • 소수	• 약수와 배수 • 약분과 통분 • 분수와 소수의 관계
수의 연산	• 두 자리 수 범위의 덧셈과 뺄셈 • 곱셈	• 세 자리 수의 덧셈과 뺄셈 • 자연수의 곱셈과 나눗셈 • 분모가 같은 분수의 덧셈과 뺄셈 • 소수의 덧셈과 뺄셈	• 자연수의 혼합 계산 • 분모가 다른 분수의 덧셈과 뺄셈 • 분수의 곱셈과 나눗셈 • 소수의 곱셈과 나눗셈

수와 연산 각 학년 내용을 보시면서 설명해드리겠습니다. 새로운 학년이 되면 그에 맞게 새로운 수학 정의와 개념이 등장합니다. 1~2학년에는 수, 덧셈, 곱셈에 대한 정확한 개념 정립이, 3~4학년에서는 나눗셈, 분수, 소수의 개념이 필요합니다. 5~6학년에서는 약수, 배수, 약분, 통분 등의 개념을 이해해야 합니다. 엄마표나 학업에 관심 있으신 학부모님들은 '매일연산이 중요하다'라는 것을 알고 계시기 때문에 실천 중일 거라 생각합니다. 맞는 걸까요? 틀린 말은 아니지만 1단계 개념 이해가 확립된 상태의 학생들에게만 효과가 있

습니다. 1단계가 안 되어 있는 학생들은 아무리 2단계 연산을 매일 해도 누군가 도와줄 때는 잠깐 해결이 될 뿐, 근본적인 해결이 되지 않았기에 제자리로 돌아옵니다. 그래서 학교 수업 시간에는 선생님의 도움, 가정에서는 학부모님의 신경 등으로 1단계 개념이 정확히 이해가 되었는지를 확인하고, 2단계 연산은 자기주도학습으로 할 수 있게 해줍니다. 또한 정확히 개념이 잡힌 학생에게 지겹도록 반복연산을 시킬 필요는 없습니다. 다만, 개념이 자리 잡고 있는 과정이나 연산 시간 단축이 필요하면 조금 양을 늘려도 괜찮습니다. 자녀의 수준에 맞는, 부담스럽지 않는 양이 가장 좋습니다.

도형 영역

사전적 의미로 그림의 모양이나 형태를 뜻합니다. 교실 및 주변의 사물을 관찰하면서 공통점과 차이점을 찾아가며 용어와 개념을 배우게 됩니다.

1~2학년에서 평면도형, 입체도형의 개념을 배웁니다. 직관적인 느낌과 공간 감각이 필요하기에 초기 개념을 친숙하게 받아들이고 정확히 이해해야만, 다음 학년의 내용도 받아들일 수 있습니다. 3~4학년에 점, 선, 면에 이어 원, 삼각형의 종류, 사각형의 종류, 다각형

핵심 개념	학년(군)별 내용 요소		
	1~2학년	3~4학년	5~6학년
평면 도형	• 평면도형의 모양 • 평면도형과 그 구성 요소	• 도형의 기초 • 원의 구성 요소 • 여러 가지 삼(사)각형 • 다각형 • 평면도형의 이동	• 합동 • 대칭
입체 도형	• 입체도형의 모양	• 세 자리 수의 덧셈과 뺄셈 • 자연수의 곱셈과 나눗셈 • 분모가 같은 분수의 덧셈과 뺄셈 • 소수의 덧셈과 뺄셈	• 직육면체, 정육면체 • 각기둥, 각뿔 • 원기둥, 원뿔, 구 • 입체도형의 공간 감각

까지 굉장히 다양한 개념들이 등장합니다. 5~6학년에서는 합동, 대칭, 기둥, 뿔, 입체도형의 공간감각의 개념이 나옵니다. 1, 2학년 평면과 입체를 헷갈리기 시작하면 5~6학년이 되어서도 여전히 어려울 수밖에 없습니다.

어떻게 해야 할까요? 개념을 정확히 답할 수 있어야 합니다. 개념을 묻는 질문에 막힘이 없이 나와야 학습 결손이 없을 뿐더러 정확한 이해가 된 것이고, 다음 단계를 응용할 수가 있습니다. 학생들도 "아, 뭔지는 알겠는데 정확히 기억이 안 나요." "말로 어떻게 설명해야 할지 모르겠어요."라고들 말합니다. 1단계 개념 이해를 위해서 개념까지 확인할 수 있는 질문으로 자녀의 상태를 확인해주세요.

수학 공부를 할 때 개념을 스스로 말로 설명할 수 있도록 해주시면 엄청난 효과를 얻을 수 있습니다. 게다가 도형은 정말 일상생활에서도 많이 찾을 수 있으니 자연스럽게 도형에 대해 친숙하게 느끼게끔 찾아보고 직접 만들어도 보고, 개념 이해까지 확인해주시면 어려움이 없어집니다.

측정 영역

어림잡거나 단위를 이용하여 양을 수치화하는 영역입니다.

표를 보면 1~2학년까지는 양의 비교, 시간, 길이 등의 개념을 학생들이 쉽게 받아들입니다. 3~4학년 때는 시간, 길이, 무게는 어느 정도 이해하지만 들이나 길이 변환을 살짝 어려워합니다. 5~6학년 때는 보기만 해도 학생들이 스트레스 받는 용어들입니다. 원주율, 평면도형의 넓이, 입체도형의 겉넓이, 부피….

학생들이 쉽게 받아들이는 것과 어려운 것의 차이는 무엇일까요? 일상생활에서의 친숙함 덕분입니다. 어릴 때부터 생활 속에서 자연스럽게 들었던 시간, 키, 몸무게, 등은 쉽게 이해하고 받아들입니다. 그러나 들이나 길이 변환(km, mm 등)은 잘 사용하지 않고 5~6학년 때 배우는 것은 학생들이 실생활과 관련이 적다고 생각하여 쓸데없다고 여깁니다. 또한 5~6학년에서는 앞서 언급한 수와 연산도 나오

핵심 개념	학년(군)별 내용 요소		
	1~2학년	3~4학년	5~6학년
양의 측정	• 양의 비교 • 시각과 시간 • 길이(cm, m)	• 시간, 길이(mm, km), 들이, 무게, 각도	• 원주율 • 평면도형의 둘레, 넓이 • 입체도형의 겉넓이, 부피
어림 하기			• 수의 범위 • 어림하기(올림, 버림, 반올림)

고, 도형까지 나오니 1단계 개념 확립이 정확하지 않으면 머릿속은 뒤죽박죽이 될 수밖에 없습니다. 이 측정 영역도 앞서 말씀드린 새로운 개념에 대한 정확한 이해가 필요합니다.

 제가 추천 드리는 측정 영역 학습법은 빈 종이에다가 배웠던 내용을 직접 적어보게 하는 것입니다. 종종 수학 시작 전 복습 시간에 빈 종이를 나눠주고, 이전 차시까지 배운 내용을 떠올리며 다 적게 합니다. 예를 들어 5차시 정사각형을 배우는 시간이라면 1~4차시에 배운 각, 직각, 직각삼각형, 직사각형의 개념을 정확히 떠올리고 서로의 연계성까지 적는 겁니다. 4차시 공부를 할 땐 3차시까지, 3차시일 때는 2차시까지 복습을 여러 번 반복하기에 기억에 오래 남을 수밖에 없습니다. 이 빈 종이에 적는 방법은 수학뿐 아니라 전 과목에서도 가장 효과적인 방법입니다.

앞선 부분이 충족된다면, 5~6학년에서는 개념 이해만큼 특히 반복연산이 중요하고 필요합니다. 워낙 계산에 대한 흥미를 못 느끼기도 하고, 실수도 많은 영역입니다. 가정생활에서 구체적인 사물을 재어보거나, 심지어 외식이나 마트에서 장을 볼 때 우유갑은 왜 250밀리리터(mL)인지, 콜라는 왜 1.5리터(L)인지, 썬크림, 립밤의 용량은 왜 그런지, 자녀가 관심 있는 사물을 통해 한 번 더 생각해보게끔 하고, 실제 값과 비슷한게 나오는지 직접 연산하게 유도해보는 방법도 효과적입니다.

규칙성 영역

이는 생활 주변이나 여러 현상에서 복잡한 문제를 해결할 때 규칙을 찾아보고, 추론하도록 도와줍니다. 1~4학년까지 학생들이 게임하듯 잘 찾아내며 재미있는 활동으로 부담을 느끼지 않는 영역입니다. 다만 5~6학년에서 배우는 비와 비율, 비례 배분에 먼 훗날 함수의 기초로 이어지는 중요한 부분입니다. 1~4학년 때는 학교 내용 복습만 간단히 진행합니다. 그러나 5~6학년 때는 구체적으로 비, 기준량, 비교하는 양, 비율, 백분율, 비례식, 비례배분 등의 용어가 등장하는데 학생들 머리가 터지는 순간입니다. 공부법은 이전 영역들

핵심 개념	학년(군)별 내용 요소		
	1~2학년	3~4학년	5~6학년
규칙성과 대응	• 규칙 찾기	• 규칙을 수나 식으로 나타내기	• 규칙과 대응 • 비와 비율 • 비례식과 비례배분

과 동일합니다. 각각의 개념 정립을 하고 그것을 말로 설명해야 합니다. 특히 규칙성 영역에서는 구체적인 예를 들어서 스스로 문제를 만들 수 있다면 더 이상 걱정할 필요가 없다고 생각합니다. 비례식, 비례배분 관련해서는 정확한 이해가 없고서는 직접 문제를 만들어 볼 수가 없다고 생각하기 때문입니다.

자료와 가능성 영역

살짝 엉뚱하지만 다양한 자료를 분류하고 정리함으로써 미래를 예측하고 합리적인 의사 결정을 기른다는 목표를 가진 부분입니다. 표를 보서도 개념을 정확히 알아야 하는 부분은 그래프와 평균밖에 없습니다. 그래프에 대한 정확한 개념 확립만 되어 있으면 앞에 붙은 글자 그대로 막대, 꺾은선, 그림, 원을 보면 되기 때문에 학생들도 학습할 때 어려워하지는 않습니다. 다만, 몇몇 학생들이 실제로 그리거나 여러 상황에서 어떤 그래프를 그리면 좋을지를 헷갈려합

핵심 개념	학년(군)별 내용 요소		
	1~2학년	3~4학년	5~6학년
자료 처리	• 분류하기 • 표 • ○, ×, /를 이용한 그래프	• 간단한 그림그래프 • 막대그래프 • 꺾은선그래프	• 평균 • 그림그래프 • 띠그래프, 원그래프
가능성			• 가능성

니다. 요즘은 뉴스나 신문, 광고 등에서 워낙 다양한 그래프가 많이 나오기 때문에 학생들이 좋아하는 가수의 음반판매량, 순위 변화, 운동선수의 연봉 이런 것 등을 해석해보거나 직접 그려보면 자료와 가능성 영역을 더 쉽게 받아들일 수 있을 겁니다.

수학을 포함하여 모든 과목에 있어 스스로 공부할 수 있는 최고의 학습 동기는 '공부희열도'라고 합니다. 공부하면서 또는 문제를 풀면서 기쁨을 느껴야 한다는 것입니다. 사실상 이를 타고난 학생들은 거의 없을 겁니다. 그래서 먼저 문제를 풀 수 있어야 하고, 해결할 수 있다는 자신감을 가질 수 있어야 합니다. 그러기 위해선 모든 영역에서 저학년 때부터 꼼꼼하고 정확하게 개념을 확립시켜서 다음 학년으로 올라가야 합니다. 이전 학년, 올해 개념을 모르면 선행이 아무런 필요 없는 것과 같습니다. 또, 과도한 연산이나 문제풀이에 집중하여 학생 입장에서 문제 푸는 것이 지겹거나 학습양에 부담을 느끼는 것도 재미와는 정반대의 개념입니다.

그러니 수학 공부를 제대로 하고 싶은 학생, 본격적으로 수학을 시작하고 싶은 학생이나 학부모님들은 현재 정확한 수준을 파악하고, 새로운 개념을 배우기 전의 이전 과정을 정리합니다. 모든 개념에 대해 스스로 말로 정의를 내릴 수 있고, 연산에도 막힘이 없을 때, 그때 예습을 하거나 선행을 해도 전혀 늦지 않습니다.

수학은 완벽한 '개념' 확립과 정확한 '연산'의 반복입니다. 또한 개념 확립에 가장 좋은 것은 '수학책', 연산에 가장 도움되는 책은 '수학익힘책', 추가로 더 필요하다면 그 다음 순서가 '문제집'인 것을 기억해주시면 됩니다.

초등 사회 공부는
어떻게 해야 할까요?

초등학교 3학년에 등장하며 5, 6학년이 될수록 점점 어려워지고 양이 많아지는 사회 공부를 어떻게 도와주는 것이 좋을까요? 아무래도 수학 공부를 신경써주는 것에 비해 사회는 관심을 덜 가지는 부분도 있을 겁니다. 3, 4학년 때는 '아이가 알아서 잘 하겠지.'라고 생각하셨다가 막상 고학년이 되고 역사가 등장하면서 뒤늦게 어떻게 신경 써줘야 하나 걱정하는 분들도 있습니다. 역사 공부를 포함하여 초등학교 4년간 사회의 흐름을 살펴보고, 어떻게 지도하면 좋을지를 실제 학교 현장을 통해 알아보겠습니다.

사회는 크게 몇 개의 영역으로 나뉘는지 아시나요? 초등학교 사회는 지리, 역사, 일반사회 3가지 영역으로 분류됩니다. 일반사회가 중고등학교로 가면 정치, 경제, 사회문화, 법 등으로 세분화됩니다. 즉, 수능 사회탐구 영역의 전반적인 내용을 초등학교 시절 간단하게 배운다고 보시면 됩니다. 그럼 각 영역별로 학년에 따라 무슨 내용을 배우는지 간단히 알아보고 어떻게 준비해야 할지 말씀드리겠습니다. 이것이 3~4학년군 사회입니다.

대주제	중주제
우리가 살아가는 곳	우리 고장, 교통과 통신 수단의 변화 등
우리가 살아가는 모습	환경·시대마다 다른 삶의 모습 가족의 모습과 역할 변화
우리 지역의 어제와 오늘	지역의 위치와 특성, 지역의 공공 기관
다양한 삶의 모습과 변화	촌락과 도시의 생활 모습, 사회 변화 등

위에서부터 3학년 1학기부터 4학년 2학기까지의 내용입니다. 전체적인 영역은 지리와 일반사회가 주로 나오고, 내용도 친숙한 것부터 시작합니다. 3, 4학년 학생들은 사회를 어려워하지 않습니다. 큰 부담이 있는 내용이 없습니다. 그러다가 5, 6학년이 되는 순간 엄청난 양과 지식의 수준이 깊어져서 힘들어하는 학생이 나타납니다. 그렇다면 여기서 우리가 얻을 수 있는 교훈이 발생합니다. 최소한 3, 4

학년의 수업 시간에 배운 지리, 일반사회 부분은 정확히 알아야 합니다. 추가로 5, 6학년이 되었을 때는, 또는 그 전에 역사적인 내용을 받아들일 준비가 되어 있어야 한다고 볼 수 있습니다.

가장 관심이 많은 역사부터 말씀드리고 지리, 일반사회 순으로 진행하겠습니다. 쉽게 받아들일 수 있도록 각 영역별로 구체적인 방법들을 제시하는 것일 뿐, 사회 전반적인 학습법이라고 생각해주세요.

역사 영역

4학년 때 잠깐 역사가 등장하지만 지역에 대해 알아보는 것이지, 본격적인 역사는 5학년 2학기에 등장합니다. 현재 교육 과정에는 나라의 등장, 즉 고대 시기부터 근현대사까지 수업 시간에 배웁니다. 굉장히 광범위한 내용들이죠. 교실에서 역사 수업을 하면 학생들의 반응이 굉장히 다양합니다. 적극적으로 참여하는 학생들, 호기심을 보이는 학생들, 그리고 어려워하거나 관심 없는 학생들입니다. 제가 생각했을 때 학생들의 역사 영역의 가장 큰 역할은 '배경지식'의 차이라고 생각합니다. 다만 아직 초등학생이기에 완벽한 배경지식을 알고 있느냐가 아니라 해당 사건이나 단어들을 어디서 들어본 적이 있거나 노출되었던 적이 있었는지가 정확한 표현이 될 듯합니다. 예를 들어 '임진왜란'에 대해 수업 시간에 배운다고 가정해보겠습니다. 그럼 임진왜란과 관련된 책을 읽었거나, 영화를 봤다거나, 가족들과 얘기를 해본 적이 있었던 학생들은 기본적으로 관심을 가집니다. 자신이 아는 것과 비교하면서 머릿속에서 명확하게 정립을 할 수 있습니다. 임진왜란을 처음 들어보는 학생들은 단어 자체도 생소하고 어려워보여서 관심을 가지지 않게 됩니다.

그렇다면 배경지식이나 노출은 어떻게 신경 써주는 것이 자연스러울까요?

첫째, 기본적으로 역사와 관련된 다양한 매체에 접근할 수 있도록 해주시면 좋습니다. 가장 간단한 것은 책을 보여주는 겁니다. 당연히 역사 관련 책인데, 우선은 학생들이 쉽게 다가갈 수 있는 것이 중요하기 때문에 why책, live한국사, 위인전 등 학습만화도 괜찮습니다. 역사학습만화도 기본적으로 1~4학년 동안에는 2~3번 정도는 읽었으면 합니다.

즉, 고학년이 되기 전에 노출이 되어야 하니 이전까진 학습만화도 꽤 효과적입니다. 시대별로 된 책도 좋고, 인물별로 된 책이어도 충분합니다. 저학년, 중학년 학생들에게 벌써 역사적 흐름을 외우도록 하거나, 세부적인 연도, 사건 등을 암기하도록 하는 것은 불필요한 행동입니다. 어차피 고학년이 되면 학교 수업 시간에 배우고, 중고등학교에 가면 끊임없이 배우는 내용이라 지금은 흥미를 가지고 재미있게 읽고 머릿속에 남아있기만 하면 됩니다. 책뿐 아니라 영화든 예능이든 드라마든 역사적인 배경이 드러난다면, 그리고 학부모님과 함께 시청하고 대화까지 나눌 수 있다면 무엇이든 좋습니다. 다만, 예를 들어 6.25전쟁 영화나 프로그램을 보았다면 "6.25전쟁은 몇 년도에 일어났어?" 삐! 최악의 질문입니다. 그냥 "어땠어?" "무슨 생각이 들었니?" "왜 전쟁이 일어났을까?" 이렇게 전체적인 내용이 기억에 남도록 대화를 이끌어줍니다.

요즘 초등학생들 중에는 마음 맞는 어머님들끼리 역사 그룹을 만들어 자녀들 역사체험, 역사논술 등을 진행하는 모습도 봤습니다. 학생들이 즐겁게 참여하는 체험을 하고 여행을 다녀오는 정도라면 괜찮겠지만 다녀와서 보고서, 견학서를 쓴다거나, 학생들에게 부담이 가는 논술 등은 딱히 추천하지 않습니다. 배경지식이나 역사에 노출이 되지 않은 학생들은 체험 활동을 해도 크게 남는 것이 없다고 판단하기 때문입니다. 어느 정도 배경지식이 쌓였다면 체험학습은 긍정적으로 이어지리라고 봅니다. 저도 어릴 때 가족들과 여기저기 많이 갔다가 부모님께 들었는데, 사실 딱히 기억에 남는 곳은 없습니다. 어떤 느낌인지 학부모님들도 아실 거라 생각합니다. 뿐만 아니라 체험, 논술은 비용이 들기에 경제적 부담도 있습니다.

비용이 들지 않는 최고의 방법으로 일상 속 달력 대화를 추천해드립니다. 달력에 보면 작은 글자로 기념일에 대해 적혀있는 것이 많습니다. 어린 학생들이나 교육 초반에는 3.1절, 5월 5일 어린이날, 6월 6일 현충일 등 공휴일에 대해서만 대화를 나눠주세요. "oo날이라고 적혀있는데, 어떤 날이라고 생각하니?"라고 자녀가 먼저 예상하도록 질문해주시고, 간단하게 "이런 일이 있었던 날이란다."라고 답해주셔도 좋습니다. 점차 익숙해지면 공휴일 외에 추가로 역사적으로 중요한 날과 관련하여 대화를 나누시는 겁니다. 공휴일이 아닌 날에는 그냥 이벤트처럼 물음표 표시만 해둬서 학생들이 이 날은 무슨 날일지 미리 생각해보고, 부모님이 본인에게 할 예상 질문을 떠올리고 찾아볼 수도 있습니다.

달력 대화는 '언제?' 해당 날짜와 같은 날에 부모님들이 전문적인 지식 수준을 설명해주는 것이 아니라 간단하게만 언급하시면 됩니다. 또한 태극기를 달아야 하는 날이라면 함께 태극기를 준비하면서 왜 계양하는지, 그날 무슨 사건이 있었는지를 이야기하거나 당일 방송에서 관련 프로그램을 시청하거나 유튜브 영상을 함께 봐도 좋습니다.

지리 영역

우리 고장을 살펴보고 지역, 우리나라, 세계 여러 나라로 이어지는 영역입니다. 시작하는 3학년에서는 친숙한 곳부터 최대한 쉬운 표현들을 사용하려고 하지만, 학년이 올라갈수록 많은 지도, 기호, 표, 그래프 등이 등장합니다. 각각 왜 사용되는지, 무엇을 설명하기 위해 나타내는 것인지 정확히 해석하는 연습을 해야 합니다. 지도를 보면 기호를 통해 학교, 병원은 어디 있고, 거리는 얼마인지 알아야 합니다. 다만 비와 비율은 6학년 때 배우나 축적은 4학년 때 등장하는 아쉬움도 있습니다. 지도뿐 아니라 이런 표가 제시되면 인구 구성의 변화가 어떻게 이뤄지는지 파악하는 연습을 해야 합니다. 이유 찾기와 미래 예상까지 할 수 있으면 완전학습이 된 것입니다. 학생들은 표나 그래프가 나오면 막연히 어렵다고 생각하는데, 실제로 1, 2개를 해보고 나서 '이렇게 간단한 거였다니!'라고 좋아하는 친구들이 많습니다. 뉴스나 일기예보 등에 이런 것이 나오면 자녀들과 함께 해석해보세요.

특히 지리에서는 무엇보다 지도를 자주 봤으면 좋겠습니다. 학생들 중에서도 "대전이 멀어요?" "경주가 멀어요?" 등 거리를 묻는 학생들이 많습니다. 친척집에 다녀와서도 본인이 다녀온 지역 이름만

알되, 실제 어디쯤에 있는지 모르는 경우가 과반수입니다. 집에 우리나라 지도나 세계지도가 있다면 직접 다녀온 곳을 한 군데씩 표시하는 방법도 지도를 보는 데 친숙함을 줍니다. 또한 멀리 가실 때 요즘은 네비게이션을 이용하지만, 지도도 함께 가져가면 효과가 좋습니다. 지도상에 각종 산이나 강, 고속도로 등이 표시되어 있는데 이런 것들을 실제와 비교하면서 보면 자연스럽게 지도와 기호 읽는 법을 익히게 되고, 우리나라가 어떤 모양인지도 알고 지역별로 위치도 잡게 됩니다. 큰 지도가 부담스럽다면 '사회과부도'와 붙어 지내면 됩니다. 4년 동안 바뀌는 사회책과 달리, 항상 붙어있는 사회과부도는 지리와 역사 공부에 정말 최적합화된 교과서입니다. 각 지역별로, 우리나라, 대륙별로 자세히 나와 있고 역사는 연도별로 잘 정리되어 있습니다. 정말 요약과 핵심정리가 잘 되어 있음에도 불구하고, 사회교과서에 비해 사회과부도는 소외된다는 느낌을 받습니다. 저는 학창시절 사회과부도를 펼쳐놓고 지역 글자 부르고 빨리 찾기 놀이 같은 걸 했는데 이런 방법도 사회과부도에 친근함을 느낄 수 있고, 가까이만 둬도 지리, 역사 영역에 큰 도움이 될 것입니다.

일반사회 영역

3~4학년 때는 대표적으로 환경과 시대에 따른 삶의 모습, 촌락과

도시, 가족의 변화 모습 등의 사회문화에 대해 배우고, 5~6학년에서는 정치, 경제, 법 관련해서 등장합니다. 과목명이 '사회'인 것처럼 일상생활과 가장 밀접하게 관련 있는 영역입니다. 우리 주위에서 일어나는 변화나 현상들에 대해서 관심을 갖도록 해주시는 것이 가장 자연스럽습니다. 대중교통이나 차로 이동할 때는 과거에는 어땠을지 떠올려보기, 할머니, 할아버지 또는 친척들을 만나면 가족 변화에 대한 이야기, 시골에 방문할 일이 있으면 도시와의 공통점, 차이점 찾아보기 등 우리가 일어나서 잠들기 전까지 모두 관련이 있습니다. 실제 교실에서 5, 6학년 학생들은 역사 내용은 양이 많아서 부담스러워하지만 정치나 경제 부분은 평소에 쉽게 접하지 못하고, 나와 관련이 없다고 생각하여 관심을 가지지 않는 경우가 많습니다. 그러나 요즘은 워낙 정치나 경제에 관한 이슈가 많아서 그런 얘기가 나올 때 자연스럽게 사회 수업을 진행하면 학생들의 몰입도가 굉장합니다. 다만 교사 입장에서는 교과서에 나온 내용 위주로 말을 해야 하고, 학생들에게 잘못된 선입견을 심어줄 수 있는 조심스러운 부분이 있습니다. 오히려 가정에서는 자연스럽게 대화 주제로 삼아 자녀들의 관심을 끌어줄 수 있는 부분입니다. 계속 언급했지만 역사든 일반사회든 최고의 선생님은 가족입니다.

그리고 모든 영역에 해당되긴 하지만 사회에는 학생들 입장에서 생소한 단어들이 등장합니다. 방위표, 촌락, 국토, 입법, 사법, 생산, 소비, 대륙 등 많은 용어가 한자를 바탕으로 이루어져 있습니다. 저는 수업 시간에 한자를 각각 풀어서 쉽게 설명을 해주는 편입니다. 단어를 모르면 수업 자체가 진행이 되지 않으니까요. 학생들에게 어렵거나 생소한 용어가 나오면 그냥 넘기지 말고 정확히 짚고 넘어가게 해주세요. 한자까지는 아니더라도 유사한 의미의 단어와 연관 지을 수 있도록 가정에서도 신경 써주시면 좋습니다.

지금까지 초등학교 사회의 흐름과 각 영역별로 학습법에 대하여 안내해드렸습니다. 정리하면 사회는 배경지식이 있을수록, 노출이 많이 될수록 관심과 집중은 높아지고, 부담감은 줄어듭니다. 노출에 가장 좋은 것은 자연스럽게 가정에서 신경 쓸 수 있는 부분을 챙겨주는 겁니다. 자녀들이 다양한 분야에 관심을 가지게 된다면 사회학습에도 큰 어려움은 사라질 것입니다.

슬기로운
과학 공부법

초등학교 3~4학년 때는 흥미를 가지다가 5~6학년이 되고, 중고등학생이 될수록 호불호가 극명하게 나뉘는 과학은 어떻게 공부해야 할까요? 초등학교 4년간 과학의 흐름을 살펴보고, 어떻게 학습하면 좋을지 각 단계별 학습법과 실제 학교 현장에서의 학생들의 모습을 통해 말씀드리겠습니다.

학년간 내용의 연계가 수직적으로 강한 과목은 수학이지요? 덧셈을 모르면 곱셈을 모르고, 곱셈을 모르면 그 이후의 내용도 무용지물이 되는 것처럼요. 반면, 과학은 수평적으로 연계가 점점 넓고 깊어지는 과목입니다. 그 이유는 초등학교 때 배운 주제가 결국 중고등학교에서도 동일한 주제로 이어지기 때문입니다. 다만, 같은 주제라는 가정 하에 초등학교 때의 내용의 범위가 작은 원 정도라면 학년이 올라갈수록 범위 자체의 폭이 확 넓어집니다. 또한 원리와 탐구 영역 부분에서도 훨씬 세분화되고 깊게 파고 들어가면서 관심분야에 따라 학생들의 호불호가 나뉘고, 점차 흥미를 잃을 가능성이 높아지는 과목입니다.

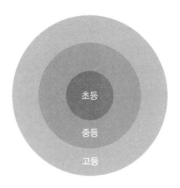

과학이라는 교과목 자체는 초등학교 3학년부터 시작됩니다. 그러나 1, 2학년 통합교과의 슬기로운 생활에서 각 계절별로 주위를 관찰하고 살펴보는 것부터 과학의 시작입니다. 과학 자체가 일상과 관련 있는 상황을 통해서 과학 지식과 탐구 방법을 학습하는 것입니다.

초등과학에서 배우는 큰 영역들을 안내해드리고, 구체적인 학습법으로 이어가겠습니다. 과학에는 다양한 단원명이 있지만, 크게 4

가지 운동과 에너지, 물질, 생명, 지구와 우주로 구성되어 있습니다. 이 영역들의 핵심 개념을 체계적으로 구성한 것이 교과서이고, 학교 급과 학년간 그리고 영역 간에 서로 연계됩니다. 그럼 각 영역별로 구분해서 공부하는 것이 좋을까요? 중고등학생이라면 그렇게 영역 별로 세부적으로 공부하는 것이 성적에는 큰 도움이 될 겁니다. 그 러나 초등학생이라면 앞으로를 위해서도 조금 더 과학의 본질에 맞 게 학습하길 바랍니다.

초등학교 과학 공부의 핵심을 3단계로 구분합니다. 바로 '1.원인 → 2. 과정 → 3. 결과'입니다.

> 1단계 : 어떤 현상에 대해 왜? 라는 호기심과 궁금증을 가지고,
> 2단계 : 실험이나 관찰이라는 과정을 통해서
> 3단계 : 핵심 개념이나 자연 현상을 이해하는 결과에 도달하는
>   것입니다.

앞서 말씀드린 과학 교과의 4가지 영역 모두 이 3단계를 거치면 서 공부합니다. 그럼 각 단계별로 어떻게 학습하면 좋을지, 자녀들 을 어떤 방식으로 도와주면 좋을지 안내해드리겠습니다. 초등학생 들에게는 3단계 중 무엇이 가장 중요할까요?

호기심 찾기

초등학교 전체 학년, 특히 저학년일수록 1단계(원인)가 중요합니다. 아이든 어른이든 어떤 활동을 할 때 재밌거나 궁금해야 집중할 수 있습니다. 이 부분이 바로 '왜? 이유나 원인이 뭘까?'라는 의문입니다. 마치 뉴턴이 떨어지는 사과를 보고 '왜 사과는 옆이나 위로가 아닌 아래로만 떨어질까?'라는 생각을 가진 것처럼요.

그러나 이렇게 어떤 현상에 대하여 호기심과 궁금증을 품는 학생들은 일부에 불과합니다. 이런 특성을 가진 친구들은 걱정할 필요 없습니다. 스스로 계속 의문에 대한 답을 찾거나, 주위에 질문을 하고 책을 찾아보는 등 이미 과학에 빠져 있을 테니까요. 반대로 이런 의문을 지니지 않는 학생들이 호기심을 가질 수 있도록 신경 써주어야 합니다. 평상시 모든 일상생활에서 당연하다고 생각하는 것에 대하여 "왜?"라는 의문을 갖도록 해주는 거죠. 학생들은 본인 스스로, 학부모님들은 자녀에게 질문을 해주세요. 예를 들어, 여름은 왜 더울까? 왜 낮에는 밝고 밤보다 덥지? 집에 동·식물이 있다면 한살이에 대한 생각을 할 수 있는 질문을 떠올려도 좋겠지요. 결정적으로 여기서 한 단계 더 나아가서 "왜?"라는 질문에 대한 답변을 학생이 직접 예상해봐야 합니다. 질문만 떠올리는 것도 좋지만, 흔히 말하는 가설을 세워보고 비슷하게라도 맞췄을 때의 그 기쁨을 맛보면 좋겠습니다. 자녀가 근접하게 예상한다면 칭찬을, 엉뚱하더라도 즐겁게 받아주면서 다시 생각해볼 수 있도록 힌트를 줍니다.

실험하고 관찰하기

3학년부터 2단계도 함께 신경을 써야 합니다. 학교에서 학생들이 과학 수업에 실험을 하느냐 하지 않느냐 / 관찰 재료나 도구가 있느냐, 없느냐에 따라 집중도가 확 달라집니다. 학생들 입장에서는 당연히 직접 손으로 만져보고, 눈으로 관찰해보는 것만큼 재밌고 정확한 것도 없으니까요. 그러나 학교에서는 보통 모둠별로 실험을 하다 보니 누구는 적극적으로 참여하고, 또 누구는 지켜볼 수밖에 없는 상황이 벌어집니다. 수업 시간에도 실험할 시간을 충분히 주니 가능한 한 직접 실험에 참여하면서 적극적으로 관찰하도록 자녀에게 이야기해주면 좋습니다. 즉, 실험과 관찰의 2단계 과정에서는 평상시 본인이 궁금했던 1단계를 해결할 수 있는 시간입니다. 이를 바탕으로 '아하, 이것을 알아보기 위해 이런 실험을 하는구나.' '이 관찰을 통해서 내가 생각한 이유가 맞는지 알 수 있겠구나.'라는 생각을 할 수 있겠지요. '관찰을 위해서는 이런 재료가 필요하겠네'. '아~ 실험할 때 이런 순서나 절차를 거쳐야 하는구나.'로 생각에 꼬리를 달며 계속 이어나가면 됩니다. 필요하다면 초등과학실험키트 등을 별도

로 구입하여 가정에서 부모와 자녀가 같이 실험하는 것도 좋은 방
안입니다.

초기에는 과학에 흥미를 느꼈던 학생들도 5, 6학년이 되면서 일부
는 과학 그 자체에 흥미를 잃게 됩니다. 저도 학창시절 여기에 해당
되었습니다. 실험은 재밌는데 과학은 정말 어렵고 싫어했습니다. 자
연스럽게 문과를 가게 된 배경이기도 합니다. 3단계(결과)를 제대로
이해하지 않았던 것이 컸습니다. 엉뚱한 질문도 잘 떠올렸고 학교에
서 실험도 즐겁게 참여했습니다. 그런데 대체 그 실험을 왜 했는지,
실험·관찰 결과가 어떻게 나왔는지 등이 연계가 되지 않았습니다.
그러다 보니 다 똑같은 실험 같아 보이고, 그래프 해석도, 표 정리
도 하질 못했습니다. 결국 학습 결손이 발생하였고, 이후 과학 자체
가 어려워지고 무서워졌습니다. 고학년이 될수록 실험도, 관찰도 많
아집니다. 1~2단계를 진행했다면 3단계 결론까지 정리해야 합니다.
본인이 예상했던 것과 일치했는지, 결과를 알기 위해 무슨 실험을
어떻게 했는지, 어떤 결론이 도출되었는지, 그래프와 표로 나타내고
해석할 수 있는지 등을 다 연관 지을 수 있어야 그 차시 과학 공부가
제대로 끝났다고 생각해주세요.

결과 도달하기

    정리하면 과학 공부는 3단계, '왜?'라는 호기심을 가지며 예상을 해보고 → 이를 파악하기 위해 실험이나 관찰을 거쳐 → 과학적 결론에 도달한다, 즉, '원인-과정-결과'라고 정의를 내렸습니다. 직접적인 성적 향상을 위한 영역별 공부보다는 과학에 흥미를 가지고, 주변에 의문을 가짐으로써 과학적 탐구를 갖는 것에 중심을 두었습니다. 그만큼 초등학생들이 특히 신경 써야 할 단계는 바로 1단계인 흥미 유발, 호기심 자극입니다. 가장 좋은 것은 당연한 것에 '왜?'라는 의문을 갖는 것 또는 그런 생각을 할 수 있는 질문을 해주는 것입니다. 스스로 궁금증을 가지게 된다면, 자녀들이 다양한 현상에 관심을 가지게 된다면 2~3단계에도 적극적으로 해결하길 원할 것입니다.

초3,
영어의 첫 등장

영어라는 과목 또한 초등학교 3학년에 처음 등장합니다. 사회나 과학은 1, 2학년 통합교과(봄, 여름, 가을, 겨울)에서 간단히 살펴보았거나 우리 주변에서부터 쉽게 접근하는 내용들인 반면, 영어는 완전히 새로운 언어를 배우는 과목입니다. 실제 3학년 첫 영어 수업에 참여하는 학생들의 영어 수준을 파악하면 학생마다 차이가 정말 큽니다. 알파벳을 처음 접하는 학생, 기본적인 단어를 읽을 수 있는 학생, 기본적인 의사소통이 가능한 학생도 있습니다. 이렇게 학생마다 수준이 다르기 때문에 오히려 부모님들께서 영어에 더 많이 신경 쓰이고 걱정하게 되지요. 그러나 학교 수업만큼은 걱정하실 필요가 없습니다. 기본적으로 학교 수업은 처음 접하는 학생들을 위한 수준으로 진행하기 때문입니다.

초등학교 영어 교육과정에 대해 간단히 살펴보고 영어 학습 및 지도 방법을 말씀드립니다. 국가 교육과정에서 초등학교급의 영어 목표는 크게 3가지입니다.

1. 영어 학습에 대한 흥미와 자신감을 지닌다.
2. 자기 주변의 일상생활 주제에 관하여 영어로 기초적인 의사소통을 할 수 있다.
3. 영어 학습을 통해 외국의 문화를 이해한다.

여기서 가장 중요한 것은 무엇일까요? 저는 첫 번째, 흥미와 자신감이 핵심이라고 생각합니다. 다른 과목 학습에서도 흥미를 가지면 그 이후는 크게 걱정할 필요가 없다고 했습니다. 그러나 많은 가정에서는 흥미보다 '의사소통' 부분에 집중합니다. 또는 더 세부적으로 독해나 문법 등에 치중하는 경향을 보입니다. 물론 의사소통도 중요하고 중학교, 고등학교로 진학할수록 독해, 문법 등이 중요한 것도 맞지만, 이로 인해 초등학교 시절부터 흥미와 자신감을 잃게 된다면 이후 영어 학습의 효과가 많이 절감되리라 생각합니다.

영어 수업을 위한 재료는 문화, 소재, 언어, 어휘, 단일 문장의 길이 등으로 명시되어 있습니다. 초등학교에서는 타 문화 이해를 기본으로 하며 소재는 학생들의 흥미나 학습 동기를 유발할 수 있는 내용으로 구성합니다. 사용되는 어휘 수를 들으시면 깜짝 놀라실 수도 있습니다. 초등학교에서 사용되는 어휘는 500 낱말 내외입니다. 각 학년에서 사용할 수 있는 새로운 어휘 수는 3~4학년군에서 240 낱말, 5~6학년군에서는 260 낱말 내외입니다. 1년에 120~130개 정도입니다. 단일 문장의 길이는 3~4학년군은 7 낱말 이내, 5~6학년군은 9 낱말 이내입니다.

학생들은 이 정도 수준의 영어 수업에 어려움을 느끼지 않고 학습할까요? 수업시간에 집중을 잘하는 학생의 기준으로 본다면 그렇습니다. 그러나 3~4학년군에 비해 5~6학년군으로 갈수록 영어 학습을 어려워하는 학생이 급격하게 많아집니다. 학년이 올라갈수록 듣기·말하기 위주에서 읽기·쓰기가 추가됩니다. 듣기·말하기도 익숙하지 않은 상태에서 길어진 문장을 읽어야 하고, 알파벳·단어 쓰기 수준에서 문장을 작문해야 하는 수준으로 난이도가 올라가기 때문입니다. 아무리 3~4학년 때 영어에 흥미를 느꼈던 학생이더라도 고학년 영어 수업을 따라가지 못하면 영어에 대한 흥미와 자신감이 떨어질 수밖에 없습니다. 즉, 학년이 올라갈수록 학습에 대한 부분도 함께 신경써주어야 합니다.

즐겁게 영어 공부하는 방법

그렇다면 자녀들에게 어떻게 영어 학습을 신경 쓰면 좋을까요? 저는 노출이 가장 좋다고 말씀드립니다. 자녀가 태어나서부터 지금까지 한글에 끊임없이 노출되었기에 지금 자연스럽게 한글로 의사소통하고 있는 것과 같은 원리입니다. 영어 노출 및 학습을 위한 안내를 드리기 전에, 영어 학습에 있어 유의해야 할 사항 2가지를 먼저 기억하시기 바랍니다.

첫째, 영어를 어렵게 생각하지 마시고 한글과 같은 언어 교육이라고 생각해주세요. 부모님들 모두 멋지게 한글을 가르치셨잖아요. 어떻게 노출시켜줬는지, 어떤 방법으로 한글을 자녀들에게 지도하고 알려주셨는지 기억하시죠? 영어라고 특별한 비법이 있는 것은 아닙니다. 누가 더 자연스럽게, 그리고 많이 노출시켜주는지에 달려있다고 해도 과언이 아닙니다.

둘째, 가능한 듣기·말하기부터 많이 노출시켜주시고, 그 이후에 읽기·쓰기로 나아가주세요. 한글도 마찬가지입니다. 언어 자체도

들려야 읽을 수도 있고, 쓸 수도 있습니다. 그러나 종종 앞의 과정을 무시하고 단어 외우기, 문장 독해, 문법 쓰기 등을 먼저 시작하면 역효과가 발생할 수 있습니다.

영어 노출 2가지 방법

영어 학습을 위해 가장 적합한 노출 방법 2가지를 추천합니다. 각각의 장점과 단점이 분명하기 때문에 가정별로 적합한 방식을 적절하게 사용하세요.

첫째, 영어 그림책이나 동화책 읽어주기입니다. 자녀들이 아직 알파벳을 모르는 상태라면 부모님께서 읽어줍니다. 평소 자녀가 한글책으로 독서할 때 관심을 가졌거나 좋아하는 주제가 있다면 그와 관련된 책을 선택해주세요. 자녀가 책 내용에 알고 싶어 한다면 최고의 책 선정입니다. 자녀 스스로 부모님이 읽어주는 단어나 문장을 책의 그림과 연결시키려 하고, 책의 내용을 파악하려고 노력하기 때문입니다. 꾸준히 이어나간다면 혼자서 영어책 독서하는 날을 기대할 수 있습니다.

다만 주의하실 사항은 그림책을 읽어주시며 함께 즐겨주시기만 할 뿐, 내용 이해나 단어에 대한 질문은 참아주세요. 자녀들은 그 시간 자체가 즐겁고, 이야기를 들으면서 그림 보는 것이 좋은데, "이 단어가 무슨 뜻이었어? 알파벳 뭐야? 엄마가 뭐라 그랬지?" 등의 질문은 오히려 영어에 대한 거부감을 느끼게 만듭니다.

그림책 읽어주기의 단점은 부모님들의 부담이 큽니다. 노출이 많을수록 좋으나, 지속적으로 실시해주기가 어려울 수 있습니다. 한글책 읽어주기는 부담이 적지만, 영어책 읽어주기는 사람마다 개인차가 존재하기 때문입니다.

둘째, 영어 영상을 보여주는 방법입니다. 이 방법은 영어책 읽어주기의 제약을 극복할 수 있습니다. 학생들의 흥미와 집중도도 최고입니다. 무엇보다 좋은 부분은 학생들이 실제 의사소통하는 유사한 상황과 밀접한 방식에 노출된다는 것입니다. 그림책은 단순 텍스트를 읽는 단방향이었다면, 영상에서는 보통 서로 대화하며 주고받는 더욱 실생활에 밀접하게 상황들이 노출되는 장점이 있습니다. 반복해서 보나 보면 학생 자신도 모르는 사이 다양한 상황과 문구에 익숙해져서 다음에 나올 문장을 따라서 말할 수 있고, 실생활에서 표현할 수도 있습니다.

반대로 학생들이 결국 핸드폰이나 컴퓨터 등에 빠지지 않을까? 라고 걱정하시는 단점이 있습니다. 그러나 이런 부담 때문에 아예 영상 노출을 금지하는 방법보다는 적절한 사용 방법, 핸드폰 사용

시간 등에 대한 약속을 잡는 것이 더 효율적이고 나은 방법이라 생각합니다.

　위의 노출 방식을 통해 지속적으로 학습이 진행된다면 학생들에게 영어 노출은 충분합니다. 영어 듣기와 말하기가 익숙해지면 다음 과정인 읽기, 쓰기 부분은 세부적인 사항만 잡아주실 뿐, 큰 틀에서는 크게 걱정하실 필요가 없습니다. 3학년이 되어(혹은 그 이전 학년에서) 알파벳을 배우거나 파닉스를 배웠다면 앞서 진행하였던 단순 노출 방식에서 조금 더 심화된 단계로 들어갑니다. 그림책 단계에서 벗어나 다양한 어휘 수준으로 ORT단계를 높여나가거나 원서 등을 읽는 방법도 있습니다. 영상 노출이라면 기본 애니메이션에서 더 어려운 어휘와 수준 높은 문장이 나오는 것으로 넘어가면 됩니다. 특히 책과 교육 방송에서는 기본적으로 문법에 맞는 문장들을 사용하기 때문에 이에 자주 노출된 학생들은 학생들에게도 대략적으로 문장의 짜임과 문법의 기본이 잡힙니다. 이후 고학년이나 중학생이 되고 그때 자세히 들어가도 어려움 없이 나아갈 수 있을 것이라 생각합니다.

한자 공부,
학교생활에 도움이 됩니다

한자 공부, 따로 하고 있으신가요? 과연 한자 교육이 학생들의 학업이나 생활에 도움이 될까요? 여기에 대해서는 가정마다 다양한 의견이 있습니다. 급수 취득을 목표로 공부하는 학생들도 있을 테고, 반대로 지금 하는 학습도 많기 때문에 한자까지 무리하게 시키고 싶지 않다는 분도 계실 겁니다. 한자를 알면 학업에 도움이 되는 부분이 있는지, 교사생활을 하면서 한자 공부를 하는 친구들을 지켜본 결과는 어땠는지 등을 알려드리고 부담없는 간단한 교육 방법도 안내해드리겠습니다.

한자가 학교생활이나 수업 시간에 도움이 될까요? 저는 그렇다고 말씀드리고 싶습니다. 학부모님들이 보통 영어에는 굉장히 많은 관심을 가지지만, 그에 비해 한자는 크게 신경을 쓰지 않는 분위기입니다. 영어 공부의 목적은 영어 성적과 앞으로 자유로운 의사소통을 위해서라고 생각합니다. 반면, 한자는 직접적인 성적이나 의사소통보다는 그냥 일상생활 자체에 실제적으로 도움이 된다고 봅니다. 실생활은 범위가 넓으니 학교생활 자체로 범위를 좁혀보겠습니다. "학생들이 학교 출석을 위해 교실로 등교합니다." 이 한 문장에도 한자어가 무려 5개나 나옵니다(밑줄 친 단어). 과목명을 살펴보겠습니다. 국어, 수학, 사회, 과학, 영어까지 다 한자로 이루어져 있습니다. 심지어 이 단어들이 한자인지 모르는 학생들도 있을 정도로 한자에는 관심이 없습니다.

교과서를 한번 펼쳐보세요. 문장마다 대부분의 핵심 개념은 한자로 구성되어 있습니다. 물론 한자를 모르더라도 평상시 자주 듣고 보고, 또 문맥을 통해 자연스럽게 의미를 아는 학생들도 있을 테지만, 어휘의 정확한 뜻을 아는 것과 모르는 것의 차이는 큽니다. 학생분들 점점 학년이 올라갈수록, 그리고 학창시절을 지나온 학부모님들은 "모든 과목을 잘하기 위해서는 기본적으로 언어 영역을 잘해야 한다."라는 말을 들어보셨을 겁니다. 점점 길어지는 문장을 해석하는 능력도 중요하지만, 그만큼 많은 영향을 미치는 것이 어휘력입니다. 영어도 기본적으로 많은 단어를 아는 것이 중요한 것처럼 국어에도 어휘력이 풍부해지기 위해서는 한자를 알 필요가 있습니다. 우리말의 무려 70%가 한자어로 이루어졌거든요.

물론 한자를 공부하는 학생들이 모든 과목을 잘하는 것은 아닙니다. 다만 확실히 어휘력 부분이나 처음 접하는 낯선 단어를 보았을 때, 대략적으로 그 뜻을 유추하고 짐작하는 능력은 높았습니다. 본인이 알고 있는 몇 가지 한자만 잘 조합하면 비슷한 뜻을 충분히 떠올릴 수가 있기 때문에 독서나 공부를 할 때도 큰 막힘이 없습니다.

스트레스 없는 한자 공부

혹시 한자 교육을 시작하실 분들이 계시다면 당부 말씀과 함께 간단한 지도 방안을 곁들여 말씀드리고 싶습니다. 먼저 한자 교육으로 인해 스트레스를 받거나, 자녀에게 스트레스를 줄 것 같으면 시작하지 않았으면 합니다. 학생들에게도 한자에 대한 기억이 과도하게 암기해야 하거나 시험에 대한 부담보다는 뭔가 재미있는 추억으로 남으면 좋겠습니다. 학교에서 쉬는 시간조차 놀지 않고, 똑같은 한자를 수십 번씩 반복해 적으며 스스로 지쳐가는 학생들은 대부분 급수 시험에 목숨을 거는 경우였습니다. 한자 공부를 하면서 자연스럽게 급수에 도전하는 것이 아니라 급수를 위해 한자 공부를 하니 스트레스를 받을 수밖에 없습니다. 재미로 급수 취득 계획이 있다면, 준3급, 4급뿐 아니라 급수 취득 자체가 충분하고 대단하다고 생각합니다.

사실 한자까지 공부하기엔 우리 학생들이 너무 바쁘잖아요? 그래서 학생들에게는 별도로 한자를 외우는 방식보다는 독서를 하다가, 교과서를 보다가 모르는 단어가 나오면 반드시 사전 찾아보기를 권장합니다. 사전을 보면 항상 옆에 한자도 함께 표기되어 있습니다. 그때 대략적으로 눈에 익히면서 '음~ 이런 뜻을 가진 한자가 합쳐져서 이런 단어가 완성되었구나.' 정도만 기억해도 충분히 효과가 있을 겁니다. 이런 행동을 반복하다 보면 다음번 비슷한 단어가 나왔을 때는 자연스럽게 단어의 뜻이 유추될 것이라 생각합니다.

부모님은 종종 길을 가다가 한자가 보이면 알려주고, 대화를 하다가 우리가 사용하고 있는 단어 중에 한자어가 나왔을 때 알려주기만 해도 큰 도움이 됩니다. 예를 들어 학교라고 했을 때 '학'이 배울 학學이라는 한자라고만 알고 있어도 학교, 학원, 학습, 학업 등의 단어를 보았을 때, '아~ 배움과 관련이 있구나.'라고 유추할 수 있습니다.

악기를 배우면
좋은 이유

학생들이 음악 관련 활동만큼은 꼭 했으면 하는 바람이 있습니다. 학교 음악 시간만을 위해서가 아니라 음악 시간을 포함한 학교생활, 그리고 자녀의 생활 자체가 달라질 수 있기 때문입니다. 혹시 자녀 분들 악보는 다 읽을 줄 아나요? 또는 악기 1개쯤은 배우고 있나요? 이 2가지에 해당되지 않는다면 음악 활동 1가지를 꼭 했으면 좋겠다고 말씀드리고 싶습니다. 초등학교 때의 악기 1개는 학교 생활에서의 자신감뿐 아니라 어른이 되었을 때도 자신만의 커다란 매력이 될 수 있기 때문입니다. 관련하여 초등 음악의 교실 실태, 그리고 학생들이 꼭 했으면 하는 활동과 그 이유에 대해서 말씀드리겠습니다.

고학년이 될수록 음악과 멀어진다

초등 음악 시간 참여도와 적극성은 1학년에서부터 6학년이 될 때까지 정확히 피라미드 형식으로 됩니다. 저학년 때는 잘하고 못하고의 성격에서 벗어나서 노래 부르기 자체를 즐기고 몸을 움직이는 활동을 행복해합니다. 그러다 중학년을 거쳐, 5, 6학년이 되는 순간 수업 시간에 해야 하는 최소한의 활동만 참여하려고 합니다. 학년이 올라가고 사춘기에 접어들면서 자신의 목소리를 내어 노래 부르기를 민망해하고, 많은 사람 앞에서 활동하는 것을 부끄러워하는 분위기도 어느 정도 작용합니다. 물론 학생 성향에 따라 다르겠지만 평균적인 교실 분위기를 말씀드렸습니다. 위의 부분은 인정하면서도, 또 한편으로는 학생들이 제대로 참여하지 못하는 이유가 있을 것이라 생각했고, 원인을 살펴보았습니다.

제가 생각한 이유는 2가지였고, 이에 따른 해결 방안도 알아봅니다.

음악은 3학년부터 등장하는 과목이고, 1, 2학년 때도 통합교과 속 즐거운 생활 영역이 포함되어 있습니다.

첫째, 악보는 물론이고 계이름을 못 읽는 학생들이 생각보다 많습니다. 제가 교직 경력 중 6학년을 가장 많이 했는데 6학년 교실에도 악보를 읽을 줄 모르는 학생이 있는 것을 보고 놀란 적이 있습니다. 6학년이 이 정도면 더 아래 학년들은 말씀을 안 드려도 짐작하시리라 생각합니다. 음악 수업은 대부분 교과전담수업이라 학생들과 악보를 볼 기회가 없습니다. 종종 학예회 준비나 악기 수업이 있을 때 학생들에게 악보를 보여주면, 가장 먼저 하는 말이 "선생님! 계이름 적어주세요."입니다. 그러면 활동 전에 악보에 모든 계이름을 적어주거나 불러줍니다. 즉, 악보를 못 보는 까막눈이 된 상태로 음악 시간에 참여하는 것입니다. 마치 곱셈, 나눗셈이 안 된 상태로 분수, 소수 공부를 하고 있는 것과 같습니다. 1, 2학년 국정교과서(봄, 여름, 가을, 겨울)를 살펴보니 1학년 봄에서는 음의 높고 낮음을 알게 하고, 2학년 여름부터는 오선지와 악보가 등장합니다. 3학년부터 6학년까지 모든 음악책은 악보 위주로 되어있습니다.

당연히 음악 수업 시간에 기본적인 설명은 해주시겠지만, 실기가 아닌 필기 수업, 이론적인 내용의 수업에서는 학생들의 집중과 흥미가 확 떨어집니다. 자연스럽게 일부 학생들은 음악에 대한 흥미로 잃게 되고, 학년이 올라갈수록 더 어려워지게 됩니다. 이런 상태는 자연스럽게 두 번째 문제로 이어집니다.

둘째, 리코더와 단소 등의 악기를 다루는 것을 힘들어합니다. 힘들어하는 이유도 구체적으로 2가지입니다. 1가지는 앞의 예처럼 학생들은 계이름도 제대로 모르는데 3학년에 리코더 운지법을 배우고, 악보를 못 읽는데 학년이 올라갈수록 학교별로 다양한 악기를 배우게 되니 어려운 겁니다. 그리고 다른 1가지는 손가락으로 제대로 구멍을 막지 못하거나 자신의 마음처럼 몸이 따라주지 않는 경우에 힘들어합니다. 이를 극복한 학생들은 점차 악기에 적응하여 어느 정도 쉽게 다룰 수 있어 다양한 노래를 연주해보고 싶어 합니다.

악기를 배우면 좋은 점

그럼 반대로 위의 2가지 문제 상황을 겪지 않는 학생들이 있을까요? 음악 시간에 어려움을 느끼지 않고 적극 참여하는 학생, 악기를 부담스럽지 않게 생각하는 학생들이 있습니다. 어린 시절부터 악기든 노래든 음악 관련 활동에 즐겁게 참여한 경험이 있는 학생들입니다. 그래서 저는 어릴 때 또는 저학년 때 시간적 여유가 있다면 자녀들에게 악기 1개(또는 음악 활동)를 시작할 수 있도록 환경을 마련해주었으면 하는 바람이 있습니다. 학교 음악 시간만을 위해서가 아니라 음악 시간, 교실 생활, 그리고 자녀의 생활 자체가 달라질 수 있기 때문입니다.

이제 자녀들에게 도움이 될 만한 악기 종류와 악기를 시작하게 될 때의 장점들을 살펴보겠습니다.

　가장 기본적으로 피아노를 추천해드립니다. 또는 건반이나 멜로디언도 좋습니다. 집에 피아노가 있으면 이용하시되, 굳이 비싼 돈 주고 사실 필요는 없습니다. 가격 부담이 있으면 자녀가 중간에 하다가 포기할 경우, 잔소리로 이어질 수 있기 때문입니다. 건반악기를 추천해드리는 이유는 자연스럽게 음계와 악보를 익히게 되고, 가장 쉽게 접할 수 있는 악기이기 때문입니다. 피아노 등 모든 악기는 시작할 때 도레미파솔라시도, 음계를 배웁니다. 그리고 교과서에 나오는 동요나 바이엘 등의 기초를 배우게 됩니다. 이런 간단한 단계를 배우고 나면 그다음에는 자녀가 선택하게 해주세요. 더 배우고 싶다면 높은 수준의 단계로, 그만두고 싶다면 멈춰도 됩니다. 기본적인 계이름과 악보 읽기 등의 단계가 익숙해졌다면요. 어릴 때 배워둔다면 평생 기억에 남을 것이라 생각합니다. 어릴 적부터 자녀의 의지만 있다면 먼 훗날 자신만의 커다란 장점이 되고, 오히려 부모님께 감사한 마음을 가질 겁니다.

　이렇게 기본적인 단계를 마쳤다면, 자녀에 맞는 악기를 찾아주시는 것이 가장 좋습니다. 피아노도 그렇고 첫 시작은 가격 부담이 크게 없어야 합니다. 그래서 개인적으로 방과후 프로그램 참여를 추천해드립니다. 가격 부담도 덜할 뿐 아니라 학교에서 이뤄지기 때문에 안전이나 강사의 질 등이 보장됩니다. 요즘은 학생, 학부모님들의 악기 수요도 높기 때문에, 방과 후에도 다양한 악기 강좌들이 많습니다. 대표적으로는 피아노, 바이올린, 기타, 플루트, 카리나 등등이 있습니다. 게다가 방과후 악기 수업은 소규모로 진행을 합니다. 다른 강좌가 20~25명이라면 음악 프로그램은 한 자리 숫자로 반 편성을 합니다. 그리고 요즘 강사 분들은 워낙 경력도 화려하고, 학생들 지도를 잘해주시기 때문에 실력 문제는 걱정 안 하셔도 됩니다. 방과후에 이런 악기 수업을 들을 경우에는 공개 수업이나 학예회, 방과후 발표회 등 자신의 실력을 드러내거나 연주할 수 있는 기회 등이 제공되기에 자신감을 가질 수도 있습니다. 게다가 교실에서 가끔 장기자랑이나 음악발표회를 하는데, 다른 학생들이 하지 않는 악기를 연주한다? 반 학생들의 눈빛이 달라져서 집중하고, 교실에서도 자신감이 확 붙을 수 있습니다.

위의 이유들은 학교에서 발생할 수 있는 장점에 대한 것이었습니다. 학교를 떠나서 자녀, 학생 스스로에게 더욱 많은 장점이 있다는 것을 알아주시면 좋겠습니다. 물론 자녀가 원하고 마음에 들어해야 한다는 전제가 있습니다. 기본적으로 학교 수업 외에 자신의 여유 시간에 할 수 있는 취미 활동이 생기는 것입니다. 이런 취미 활동은 결국 스트레스 해소로 이어질 수 있습니다. 공부 끝나고 쉬는 시간에 핸드폰, 컴퓨터 게임만 주구장창 하는 모습, 생각만 해도 화나잖아요. 이럴 때 악기 연습을 한다면 서로가 마음이 안정되리라 생각합니다. 마찬가지로 음악 활동은 많은 연구에 따르면 두뇌발달에도 큰 도움이 된다고 합니다. 아인슈타인, 막스 프랑크, 리처드 파인만 등 많은 과학자, 수학자들이 음악에도 조예가 깊었다고 합니다. 아니면 별도의 악기보다 학교에서 배우는 악기, 대표적으로 리코더, 단소 등만 집에서 꾸준히 연습해도 큰 효과가 있을 거라 생각합니다. 수학, 사회 복습도 좋지만, 가끔은 음악에도 관심을 가져주시면 다양한 방면에 관심을 가질 수 있을 것이라 생각합니다.

일찍 운동을
시작해보세요

1학년부터 6학년 학생들이 학교 수업 중 가장 기다리는 시간은 언제일까요? 바로 체육 시간입니다. 학부모님들, 자녀분들 운동 많이 하고 있나요? 아마 유아체육이나 운동의 필요성에 대해서는 많이 들어보셨을 겁니다. 자녀가 아직 운동을 하고 있지 않다면 꼭 했으면 하는 이유와 함께 간단한 운동 추천을, 그리고 운동을 하고 있다면 초등학교 생활에서는 또 어떤 부분들이 필요한지 추가적으로 하면 도움될 만한 부분을 말씀드립니다.

학생들이 정말 체육을 좋아할까요? 두말할 필요가 없습니다. 학교 행사로 인해 "오늘 수학이나 사회 못해요."라는 말에는 함성소리가 나오지만 반대로 "오늘 체육시간…"은 문장이 끝나기도 전에 온갖 탄성과 울분이 터져 나옵니다. 학생들이 체육에 열광하는 이유는 무엇일까요? 2가지 이유가 있을 것 같습니다. 학생들 입장에서 체육 시간의 가장 큰 장점은 책상에 앉아서 공부하는 것이 아니라 몸을 쓰는 신체활동을 하는 것입니다. 그래서 체육 시간에 건강, 보건, 안전 등의 이론 수업을 하면 풀이 죽어 있습니다.

1. **공부를 안 해서 좋아한다.**
➡ 즉, 운동을 싫어하거나 좋아하지 않더라도 체육 시간을 좋아하는 학생들이 있습니다.
2. **활동적으로 몸을 사용하는 것을 좋아한다.**
➡ 운동을 좋아하거나 자신감이 있을수록 2번의 이유일 가능성이 높은 것이고요.

이렇게 많은 학생들이 체육 시간을 좋아하는 만큼 더욱 초등학교나, 유아기에 운동을 꼭 시작하면 좋겠다고 말씀드립니다.

왜냐하면 책상에 앉아서 공부를 하는 과목, 예를 들어 수학, 사회 등은 혼자 공부하고 문제를 풀기에 다른 친구들이 잘하는지 못하는지, 어떤 문제가 있는지 겉으로는 드러나지 않습니다. 단지, 본인만 스스로 자신의 상태를 알고 있습니다. 그러나 체육 시간은 다릅니다. 반 전체가 함께 1가지의 체육 활동을 하고, 학급의 모든 학생들이 직접 자신의 눈으로 누가 운동을 잘하는지 아닌지를 파악할 수가 있습니다. 물론 운동을 못한다고 해서 잔소리하는 선생님은 없습니다. 당연히 다양한 신체 능력을 기르고 배우기 위해서 체육 시간이 있는 것이고, 각자 자신이 잘하는 분야가 있기 마련이니까요.

그러나 앞서 말씀드린 부분이 학생들 사이에서는 은연중에 발생할 수 있습니다. 자신과 비슷하거나 못하는 학생들에게는 크게 신경 쓰지 않습니다. 반대로 유독 운동을 좋아하거나 잘하는 학생들에게 관심이 집중되는 경향이 있습니다. 예를 들어 줄넘기, 뜀틀, 멀리뛰기 등 개인 도전 활동에서는 그 친구 차례가 오면 자연스럽게 시선 집중이 됩니다. 피구, 달리기 등 단체 활동을 할 때는 해당 친구들과 같은 편이 되고 싶어합니다. 또한 학교나 학년에서 주관하는 다른 반과 시합이나 학교 체육대회를 할 때도 중심이 되는 학생들이 있습니다. 이런 학생들은 공부를 잘하든 못하든 학업과는 완전 별개로, 교실에서 무슨 활동을 하든 자신감을 가지고 생활할 수 있습니다.

운동 신경이 없는 아이도 할 수 있는 운동

우리 아이는 운동신경이 없는데 어떡하나요? 괜찮습니다. 지금부터라도 꾸준히 한두 가지만 연습해도 충분합니다. 학생들 입장에서 잘한다의 정도는 모든 운동에서 뛰어나다가 아니라 특정 1가지 종목에서 장점을 보인다거나 운동 신경이 본인보다(평균보다) 나은 학생들이라고 보면 됩니다.

초등생활 안내인 만큼 실제 체육 시간과 연관지어 어떤 운동들을 하면 좋을지, 수업뿐 아니라 자녀의 여가 생활에도 이어졌으면 하는 운동들을 소개합니다. 음악과 마찬가지로 운동도 성별 구분 없이 모두에게 중요합니다. 학생들에게 필요하다고 생각하는 기능은 심폐지구력, 근력, 순발력, 유연성 등입니다. 따라서 이를 향상시키는 운동이 기본이라고 생각합니다. 초등학교에서도 4~6학년 학생들은 의무적으로 실시하는 PAPS측정 영역의 필수 평가 항목이기도 합니다. 이런 능력들은 단기간에 길러지는 능력들이 아니라 꾸준히 실시해야 하는 것입니다. 다만, 자녀와 부모님의 성향에 따라 더 필요하다고 생각되는 항목에 집중하여 관련 운동을 지원해주시면 좋겠습니다. 굳이 저학년 때부터 근력 운동을 할 필요는 없으니까요.

가장 먼저 줄넘기를 추천합니다. 줄만 있으면 언제 어디서든 할 수 있는 전신 운동입니다. 심폐지구력을 기르는 데도 도움이 될 뿐만이 아니라 실제 학교에서도 많이 하는 운동입니다. 일부 학교에서는 줄넘기 급수제라고 하여 학년별로 일정 단계에 도달하면 수료증을 주기도 합니다. 급수제가 없더라도 많은 담임선생님들은 줄넘기를 권장하고 체육 수업 시간에 연습을 합니다. 하루에 몇 개씩 목표를 세워서 꾸준히 연습을 하고, 1단이 익숙해지면 다양한 기술 줄넘기 엇걸어뛰기, 엇걸어풀어뛰기, 2단 뛰기 등을 도전해보세요. 1단만 끊어지지 않고 엄청 오래만 해도, 반 학생들은 감탄하며 쳐다봅니다. 2단 뛰기(일명 쌩쌩이)라도 몇 번 하는 순간 부러움의 눈빛을 보이고 3단을 하면 존경의 대상이 됩니다. 가족끼리 공원에 놀러가거나 여행갈 때 줄넘기만 챙겨가는 관심만 보여주셔도 자녀들은 꾸준히 연습할 겁니다.

두 번째, 수영을 추천합니다. 개인의 안전과 생존을 위해서도 중요한 운동이고, 관절 등에 가장 무리가 가지 않는 운동입니다. 게다가 3~4학년은 학교 수영 교육이 필수이며 곧 전체 학년으로도 확장될 예정이라고 하니, 학교 수업 시간에 먼저 경험하고 나서 생각해도 되겠습니다. 학교에서 수련회나 캠프 등을 가면 빠지지 않는 것이 물놀이나 수영입니다. 마찬가지로 가족여행을 가도 계곡이나 바닷가, 워터파크는 필수 코스니까요. 미리 수영을 배워두면 물을 무서워하지 않고 친숙함을 느낄 수 있고, 어른이 되어서도 몸이 기억하는 장점이 있습니다.

세 번째, 태권도나 합기도 등 학교 주변 도장도 괜찮습니다. 태권도의 도장을 예로 들면 주종목은 태권도이지만, 부가적으로 온갖 구기 종목들도 배우고 근력, 유연성도 길러주는 다양한 운동도 함께 실시하는 장점이 있습니다. 기본적으로 함께하는 운동이니 예의도 배우고, 사회성도 기를 수 있다고 봅니다. 요즘은 도장에서 놀이공원도 가고, 파티까지 한다는 얘기를 듣고 저도 깜짝 놀란 적이 있습니다.

줄넘기, 수영, 태권도와 같은 활동은 개인적으로 할 수 있는 활동이고, 자녀가 구기 종목이나 여러 명이 함께할 수 있는 활동을 원한다면 방과후 프로그램 참여가 제일 무난합니다. 요즘은 야외에서 학생들끼리 모여서 축구하거나 운동할 수 있는 장소도 많이 없고, 날씨도 무난하지가 않습니다. 학교 내에서 안전하게 장소가 마련되어 있고, 여러 명이 함께 모일 수 있는 곳은 방과후이다 보니 체육 프로그램은 항상 인기가 많습니다. 학교마다 다양하겠지만 보통 축구, 풋살, 농구, 배드민턴, 음악줄넘기, 탁구 등의 활동이 많이 편성되어 있으니 자녀에게 한번 추천해주시면 좋겠습니다.

사실 비용이 들지 않는 것은 매일 가족들과 산책하기, 동네 한 바퀴 뛰기, 주말에 다함께 등산하기 등이 있습니다. 아무래도 부모님께서 평소 운동을 즐겨하시면 자연스럽게 자녀들도 운동에 흥미와 관심을 가지게 될 가능성이 높고, 그렇지 않다면 집에 머무르길 좋아하며 움직이는 것을 즐겨하지 않을 겁니다. 우리 학생들이, 자녀들이 운동에 관심을 갖길 원하신다면 내일부터라도, 이번 주말부터라도 함께 시작해보면 어떨까요.

5장

행복해지는
학교생활의 비밀
: 부모의 태도

학교와 선생님을
믿어주세요

지금까지 알아본 생활 태도와 학습 습관 등의 기준은 '학생'이었습니다. 학생이 올바르게 성장하기 위해서는 학생뿐 아니라 교사, 학부모 모두의 노력이 필요합니다. 이번 장에서는 자녀에게 미치는 영향력이 크고, 가장 오랜 시간 함께 지내는 부모님들이 어떤 태도를 지니면 좋을지 안내해드리겠습니다. 자녀들에게 최고의 모범과 모방의 대상은 부모님입니다. 그렇기 때문에 자녀도 부모님께서 평상시 자주 하는 행동, 말씀하시는 부분, 입장이나 관점 등에 지연스럽게 동화될 수밖에 없습니다.

"학교와 선생님을 믿어주세요." 학부모님들께 가장 먼저 드리고 싶은 말씀입니다.

학교를 믿는다는 것

먼저 학교를 믿어주세요. 이는 교사 자체의 능력을 넘어서는, 교사 한 명이 결정할 수 없는 사항들을 학교 차원이라고 표현하겠습니다. 예를 들면 입학식, 현장체험학습, 운동회, 학예회 등의 학교 행사를 주관한다거나 큰 교육 방향 등을 결정하는 입장이겠죠? 그러나 학부모님 입장에서는 부득이하게 옆의 학교, 다른 학교와 비교가 될 수밖에 없을 겁니다. 심지어 우리 자녀가 다니고 있는 학교에 관심이 많을 수 밖에는 없으니까요. 당연히 비교하실 수도 있고, 불만을 가질 수도 있습니다. 다만 학생들 앞에서는 그런 말을 조금 삼가주시면 어떨까 합니다. 자연스럽게 학생들은 '아, 내가 다니는 학교는 별로 좋지 않은 곳이구나.' '다른 학교 다닐걸⋯.' 이런 부정적인 생각을 할 수도 있기 때문입니다.

그리고 학교는 그 어떤 기관보다 학생과 학부모를 먼저 생각하는 곳입니다. 학교 행사를 진행하는 경우에도 모든 판단의 근거는 학생과 학부모입니다. 그러나 이런 부분을 직접적으로 언급을 하지 않기 때문에 대부분의 사람들이 모르고 지나가거나 배려하지 않는다고 생각을 합니다. 대표적으로 학예회나 운동회를 예를 들어보겠습니다. A학교는 행사를 실시하고, B학교는 실시하지 않는다면? 어느 학교가 더 좋다고 생각하시나요? 아마 대부분 A라고 생각하고, B학교에 다니는 학생, 학부모들은 불만을 가질 수도 있습니다.

그럼 A학교가 정말 더 좋은 학교인가요? 저는 그렇지 않다고 생각합니다. 학교마다 학생을 위한 관점이 다르기 때문입니다. 학예회나 운동회, 그날 하루를 보여주기 위해 학생들은 거의 1~2개월 넘게 연습을 합니다. 기존의 수업 시간까지 줄여가며 학교 행사를 연습해본 경험, 학부모님들 다 있으시잖아요? B학교는 '과연 이것이 학생을 위하는 길일까?'라는 질문에 오히려 학생들을 더 힘들고 수업을 방해한다고 생각했기 때문에 행사가 취소된 것입니다. A학교는 학생들의 재능을 보일 수 있는 기회라고 판단을 한 것이고요. 어떤 결정이든 학교의 최우선 순위는 학생들을 생각한다는 것을 기억해주시면 좋겠습니다.

올바른 성장을 돕는 교사의 노력

교사도 마찬가지입니다. 담임으로 학급을 맡게 되고, 우리 학급에 들어온 학생들은 한명한명 다 사랑스러운 학급 구성원입니다. 종종 유튜브 채널에서 상담을 하게 되면 '우리 애만 미워하시는 것 같아요.' '특정 학생을 좋아하셔서 상을 몰아주시네요.' 등등 이런 고민을 하시는 분들이 있습니다. 제가 모든 교사를 대변할 수 없기 때문에 100% 차별이 없다고는 말씀드릴 수 없지만, 대부분의 선생님들은 학생들을 차별하지 않으려고 노력합니다. 아마 학생들이 교실에서 지내면서 차별받는다는 느낌을 받았다면, 집에 가서 학부모님께 말을 전했을 가능성이 높습니다. 그러나 교사 입장에서는 모든 학생들을 차별하지는 않지만, 다 똑같이 대하지는 않습니다. 이 부분을 정확히 구분하여 알아주시면 좋겠습니다. 한 반에 20명의 학생들이 있다고 가정해보겠습니다. 20명의 학생들이 다 똑같나요? 그렇지 않습니다. 누군가는 수학을 못하고, 또 누군가는 체육을 못하고, 가정환경이 어렵거나 말 못하는 비밀이 있을 수도 있습니다. 특수학생이 있을 수도 있고, 평범한 학생이 있을 수 있습니다. 이런 학생들을 모두 똑같이 대하는 것은 교육적이지도 않고, 불가능에 가깝습니다. 교사들은 학생들과 함께 생활하면서 개별 학생에 맞는 특성을 파악하고 그에 맞게 지도를 하며 신경을 씁니다. 그러다 보면 자연스럽게 학생마다 조금씩 다르게 접근하실 수밖에 없습니다. 이런 자세한 사정을 모르는 학생들이 보면 '어? 우리 선생님 차별한다.'고 생각이 들 수도 있습니다. 혹시 자녀가 이런 말을 집에 와서 전하면 당연히 걱정이 되겠지요. 그래도 이런 상황에서 부모님이 자녀에게 "선생님께서 OO한 의도가 있으셨을 것 같은데."라고 말해주거나 직접 담임에게 확인을 하는 등 자녀의 오해를 풀어주시면 좋겠습니다.

학교 차원에서도 교사 입장에서도 항상 학생들을 먼저 생각하고, 가장 올바르게 성장할 수 있도록 신경을 쓰고자 노력하니 이런 부분이 있다는 것을 알아주셨으면 하는 바람입니다.

우리 아이, 가정에서와
학교에서의 모습이 달라요

혹시 자녀가 학교에서 어떤 모습으로 지내고 있는지 알고 계신가요? 학부모상담 기간 일부 학부모님들께서 정말 많이 놀라시는 부분이 있습니다. 바로 자녀의 학교생활에 대해 말씀드리는 경우입니다. 이럴 때, 학부모님들의 반응은 대표적으로 3가지 정도로 나타납니다.

1. 수긍하는 학부모님

   : "맞아요. 집에서도 그러는데, 학교에서도 그러네요."

2. 처음 듣는 이야기에 놀라셨지만 수긍하시는 학부모님

: "우리 애가 그런 모습을 보이는군요!" "집에서는 전혀 그러지 않았는데 신기하네요."

3. 받아들이지 못하시는 학부모님

: "우리 애가 그럴 리가 없어요." "증거 있나요?"

이 글을 보는 분들은 어느 유형에 가까우신가요? 물론 평상시에 학부모와 자녀간 대화가 원활하게 이루어지고, 학교생활에 대해 전반적으로 이야기를 나누는 가정도 있을 것이고, 그렇지 않은 가정도 있을 테지요. 다만, 교사와 상담을 하기 전까지는 학교생활에 대해 알 수 있는 유일한 방법은 '자녀를 통해서 듣는 방법'밖에는 없습니다. 그러다 보니 자연스럽게 '자녀에게 들었던 내용'과 '교사를 통해 듣는 내용'에서 일치하지 않는 부분이 발생할 수 있습니다.

이렇게 차이가 발생하는 이유는 무엇일까요?

어른이든 아이든, 사람의 마음은 주관적일 수밖에 없습니다. 자신과 관련된 이야기라면 더욱 심리적으로 영향을 미치게 되고, 객관적으로 파악하기가 힘듭니다. 그리고 학생 입장이 되어서 한번 생각을 해보세요. 집에 가서 부모님한테 칭찬받기를 원할까요? 혼나길 원할까요? 당연히 전자일 가능성이 높습니다. 그러다 보니 학교에서 있었던 일 중에서 좋았거나 잘한 활동 위주로 전달을 하게 되고, 혼나거나 잘못한 부분에 대해서는 축소를 시키거나 생략하는 경우가 종종 있습니다. 그래서 실제 상담을 하게 되면 앞에 잘한 부분은 일치하는데, 뒷부분에서 일치하지 않는 경우가 발생합니다.

학부모가 알아야 할 것

그럼 어떻게 해야 할까요? 학부모님이 2가지 마음가짐을 가져주셨으면 합니다.

첫째. '우리 아이의 모습이 학교에서와 가정에서 다를 수도 있겠구나.' '내가 알고 있는 자녀가 학교에서는 다른 모습을 보이는 경우도 있구나.'라며 열린 자세로 받아들여주시면 좋겠습니다. 교사가 학부모에게 학생에 대해 거짓말을 할 이유는 전혀 없습니다. 학생의 성장을 위해서 교사와 학부모가 만나 솔직하게 대화를 나누는 시간인 만큼 자녀의 학교생활을 받아들여주시면 자녀에게 더욱 도움이 됩니다.

둘째, 자녀가 학교생활에 대한 이야기를 자유롭게 할 수 있도록 해주세요. 위에서 말씀드린 대로 일치하지 않는 부분이 발생하는 이유는 학교생활이 제대로 전달되지 않았기 때문입니다. 과거에 학교생활에 대해 부모님께 솔직하게 말했다가 잔소리나 혼난 경험이 쌓이다 보면, 앞으로는 비슷한 부분에 대해서 언급하지 않게 됩니다. 그러다 보면 자연스럽게 고학년이 될수록 점점 대화가 줄어드는 상황으로 이어집니다. 자녀와 지속적으로 원활한 소통을 위해서 학교생활에 대해 좋은 일이든, 혼난 일이든 충분히 듣고 공감해주시고, 속상한 마음을 다독여주는 분위기를 조성해주세요.

자녀의 친구 관계에서
부모가 갖춰야 할 자세

자녀가 초등학교에 입학하거나 새로운 학년에 올라갈 때 사실 가장 큰 걱정은 '친구 관계'입니다. 학교생활에 적응을 잘 하고 있는가를 판단하는 데 중요한 요소가 친구 관계라고 앞에서도 강조했습니다. 당연히 부모 입장에서는 자녀의 친구 관계가 걱정되기도 하고, 궁금한 내용도 많아집니다. 그리고 개입을 해야 할지, 괜한 간섭이 되지 않을까 이런 고민으로 이어진 적 있으실 겁니다.

그렇다면 자녀의 친구 관계에서 어디까지, 그리고 어떻게 신경 써주면 좋을까요?

첫째, 자녀와 학교생활에 대해 이야기를 할 때 자주 나오는 이름을 기억해주세요. 이 방법을 추천해드리는 이유도 2가지가 있습니다. 당연히 자녀가 학교생활에 대해 이야기할 때 경청해주시겠지만, 조금 더 나아가서 친구들의 이름을 기억하면 좋은 점이 무엇일까요? 가장 큰 장점은 자녀의 친구 관계 변화를 파악할 수 있습니다.

예를 들어, 1학기에는 영표, 승우라는 친구가 매번 언급되었습니다. 점차 2학기가 되면서 그 친구들의 이름은 들리지 않고 용근, 상현이라는 친구의 이름이 자주 들립니다. 그럼 1차적으로 파악할 수 있는 것은 같이 노는 친구들이 바뀌었다는 사실입니다. 여기서 2차적으로 할 수 있는 부분이 위에서 말씀드린 두 번째 이유가 됩니다. 바로 학교생활까지 간접적으로 파악할 수 있습니다. 직접적으로 "영표, 승우랑 무슨 일 있었니?"라는 질문을 통해 친구 관계를 여쭤보셔도 되고, "요즘 그 친구들은 뭐하고 지내니?"라고 간접적으로 여쭤보셔도 됩니다. "학교에서 무슨 일이 있었니?"라는 애매한 질문보다 구체적으로 물어봐주시면 더 상세한 학교생활을 들으실 수 있을 겁니다.

둘째, 학생들 간의 싸움 및 갈등은 자신들이 먼저 해결할 수 있도록 해주세요.

학생들이 교실에서 친구들과 싸우고 나서 화해하지 않고 집으로 돌아오는 경우가 발생합니다. 물론 친구들끼리 다툼이 없으면 좋겠지만, 이런 갈등 상황도 학급생활의 일부분이고 또 한편으로는 자연스러운 일입니다. 이런 과정을 통해서 갈등 상황에서 화해하는 방법, 해결하는 방법을 터득하게 됩니다. 그런데 가끔씩 학생간의 다툼에 학부모님들이 개입하시는 일이 있습니다. 자녀가 속상해하고 슬퍼하는 마음을 보면, 부모 입장에서는 엄청 속상하고 화가 날 수도 있습니다. 이 상황에서는 자녀에게 무슨 일이 있었는지 충분히 들어주고 공감해주고 다독여주는 것이 먼저입니다. 상대편 학생에게 전화하여 혼내거나 상황을 물어보는 것은 참으셔야 합니다. 자칫 잘못하다가는 학생들 다툼이 어른들 싸움으로 이어질 수 있습니다. 자녀와 대화하면서 어떻게 했으면 좋겠는지, 다음날 대처 방안 등을 함께 고민해주시고 학생이 해결할 수 있도록 신경 써주세요. 물론 담임선생님께 이런 일이 있었다고 알려주셔도 좋고, 해결해달라고 요청하시는 방법도 있습니다.

셋째, 자녀에게 선입견이나 편견을 심어주지 않으셨으면 좋겠습니다.

특정 친구들에 대한 오해나 소문을 들었더라도 자녀에게는 굳이 전할 필요가 없다고 생각합니다. 예를 들어보겠습니다. 3학년이었던 자녀가 4학년이 되었습니다. 학급에는 새로운 친구들이 많습니다.

그러나 작년에 친했던 학부모들로부터 4학년 학급의 학생들에 대한 평가의 말들을 듣게 될 수도 있습니다. 'OO는 어떻다더라~.' '＊＊은 성격이 별로라더라.' 등등의 이야기가 대표적입니다. 저희가 직접 보고 겪은 것이 아니잖아요? 아이들에게도 모든 일은 직접 경험해보고 판단할 수 있는 기회를 주시면 좋겠습니다. 막상 겪어봤더니 소문과 전혀 다른 학생일 수도 있고, 내 아이와 잘 맞는 학생일 수도 있으니까요.

학부모간의 관계에서
부모가 갖춰야 할 자세

학부모들간의 관계가 중요하다고 생각하시나요? 이것은 학부모님 들의 개인 성향에 따라 다를 수 있다고 생각하여 정확히 답변드릴 수는 없습니다. 함께 어울리는 것을 좋아하신다면 관계를 유지하시 면 되고, 불편하다고 느끼신다면 가깝게 지낼 필요는 없습니다. 그 러면 위의 질문을 조금 변경해보겠습니다.

자녀의 행복한 학교생활을 위해서 학부모 간의 관계가 필요하다 고 생각하시나요? 그렇다고 생각하시는 분들은 자녀들의 학교생활 과 학부모간의 관계가 일정 부분 영향을 미친다고 보시는 겁니다. 제가 확실하게 말씀드릴 수 있는 1가지는 부분은 확실히 저학년 친구 관계에서는 도움이 된다는 것입니다. 뒤에서 말씀드리겠지만 친구 관계 이외의 영역들에 대해서는 큰 연관성을 찾기 어려웠습니다.

1, 2학년 저학년 시절에는 낯선 환경에 적응하고 새로운 친구들을 만나는 시기입니다. 학년이 올라갈수록 같은 반이었던 친구들, 동네에서 만난 친구들이 있기에 저학년 시절 느끼는 친구 관계에 대한 부담이 적어집니다. 이러한 부담감은 학생만 느끼는 것이 아니라 저학년 학부모님들도 입학 전부터 비슷하게 느낍니다. 자연스럽게 1학년 학급 내 학부모 모임이 형성되는 경우를 많이 보았습니다. 특히나 저학년들은 다른 학년에 비해 학교 수업도 일찍 끝나기도 하니, 하교 마중을 나온 학부모와 학생들이 자주 볼 수밖에 없습니다. 마음이 맞는다면 주말에 보기도 하구요. 이렇게 모임이 형성된 관계 속에 있는 학생들끼리는 정말 편하고 친하게 지낼 가능성이 높습니다. 자주 보고, 볼 때마다 놀고, 맛있는 것을 먹는 좋은 기억들과 함께이기 때문입니다. 확실히 학부모 관계가 친구 관계에도 영향을 미친다고 볼 수 있습니다.

그러나 중학년이 지나 고학년으로 갈수록 학부모끼리 친하다고 해서 학생들끼리 어울려 지내는 경우는 드물어집니다. 학부모님들도 저학년 때 친했던 부모님끼리 고학년에도 연락을 하는 것이기에 자녀를 데리고 같이 만나지는 않습니다. 게다가 학생들도 이제 본인의 판단 하에 새로운 친구 관계를 맺는 시기이기 때문입니다. 혹시라도 학부모 관계에 대해 고민하고 있으시다면 자녀의 친구 관계에 대해 판단하셔서 선택하시면 결정이 쉬워지리라고 생각합니다.

그 외의 영역에서 도움 되는 일이나 갖춰야 할 태도가 있을까요? 학부모님 입장에서는 '정보 공유'라는 명분이 가장 크지 않을까 싶습니다. 아무래도 또래 집단이고 사는 환경마저 비슷하다 보니 공통된 부분들이 많습니다. 그러다 보니 학부모 모임에서는 자녀에 대한 이야기, 주변에 대한 소식들을 주로 듣게 됩니다. 반면에 이런 모임에 속해 있지 않으면 불이익이 있지 않을까 생각하는 것도 학교에 대한 소식 등을 늦게 듣게 될 것이라는 불안함도 한몫한다고 생각합니다. 그러나 요즘은 워낙 다양한 정보와 소식처들이 있고, 본인이 스스로 찾고자 한다면 원하는 정보를 언제든 구할 수 있기 때문에 정보를 구하고자 억지로 관계 유지를 하실 필요는 없습니다. 오히려 이런 부분이 자녀교육에 피해를 줄 수도 있기 때문입니다.

이미 학부모 모임이나 학교 학부모회에 속해 있으신 부모님들도 계실 겁니다. 관계나 모임에 있다 보면 학교나 학급에 대한 좋은 소식, 나쁜 소식 등을 다양하게 듣게 됩니다. 종종 불만이 생긴 주변 학부모님들의 말을 듣다 보면 어느 순간 자신도 모르게 안 좋은 마음이 들 수도 있는데, 항상 중립적인 입장을 유지하는 편이 좋습니다. 긍정적인지, 부정적인지 어떤 관점을 가지고 대상(학교, 교사)을 바라보는지에 따라 앞으로 보이는 것도, 생활하는 것도 확연하게 달라질 수 있기 때문입니다.

독서 지도의
바른 자세

"야, 너 오늘 독서 끝냈어?"

"오늘 이 책 반드시 다 읽어야한다."

"독서부터 다 하고 놀라니까! 몇 번 말해!"

혹시 이런 말을 하신 적 있나요? 가정에서 흔히 들을 수 있는 문장
이기에 익숙하실 수도 있을 겁니다. 독서는 일상생활에 더욱 밀접하
게 연관되고 중요한 부분이다 보니 독서 습관과 독서 지도에 많은
관심을 가지고 있습니다. 그렇기 때문에 많은 학부모님들께서 자녀
의 어린 시절부터 공부보다 독서를 먼저 시작하는 경우가 많습니다.

그만큼 빠르게 교육이 시작되다 보니 어린 학생들에게 독서에 대한 잘못된 인식이 자리 잡히는 상황이 발생합니다. 독서에 대한 부정적인 인식이 생긴다면 앞으로 더욱 걱정이겠죠?

앞서 학습 영역에서 학생들이 독서에 싫어하게 되는 이유와 흥미를 붙이는 방법에 대해 세부적으로 안내해드렸습니다. 그러나 학부모님들이 가정에서 구체적인 방법들을 실시하기 전에, 먼저 전제되어야 할 중요한 사항이 있습니다. 바로 '독서 활동에 대한 올바른 인식'입니다. 제가 안내해드린 다양한 방법들은 결국 부모님께서 자녀들에게 해주셔야 하는 방법입니다. 부모님이 독서에 대한 기본 인식을 확고히 하고 주위에 흔들리지 않아야만 독서에 대한 긍정적인 인식이 자녀에게도 그대로 이어질 수 있습니다.

첫째, 독서는 하나의 '놀이 활동'이 될 수 있습니다. 독서 그 자체는 재미있고 즐거운 활동입니다. 학생들 사이에서도 독서에 대해 상반되는 의견이 많습니다. 누군가는 독서를 정말 억지로 해야 하는 끔찍한 활동이라 생각하고, 또 누군가는 쉬는 시간조차 책을 꺼내 읽는 즐거운 활동이라 여깁니다. 그런데 신기한 점은 어릴 때는 다들 책에 대한 인식이 좋았다가 학년이 올라갈수록 부정적으로 생각하는 학생들이 늘어난다는 것입니다. 앞에서 예로 든 "독서부터 하고 놀아."라는 말 속에는 2가지 의미가 내포되어 있고, 이는 무의식적으로 자녀에게 전달됩니다. 1. 독서는 놀이가 아니야. 2. 독서를 처리해야 너는 놀 수 있어. 이처럼 학생들에게 독서라는 활동이 강요가 되고 경쟁이 붙고, 비교의 대상이 되는 순간 하나의 교과목이 되어버리고 자발성과 흥미를 잃게 됩니다.

둘째, 자녀 스스로 읽을 책을 정하도록 도와주세요. 자녀들이 자유 시간이나 놀 때, 부모님께 "나 뭐하고 놀까?"라고 물어보지 않습니다. 마찬가지로 부모님도 "너 이것저것하면서 놀아."라고 말해주지 않습니다. 왜 그럴까요? 본인이 하고 싶은 것이 있고, 스스로 활동을 선택할 수 있기 때문입니다. 책 선정도 자녀가 스스로 자신의 수준에 맞는 책을 고를 수 있어야 다음 단계로 넘어갈 수 있습니다. 또한 이런 자발성이 흥미를 유발할 수 있고 긍정적인 인식으로 이어질 수 있습니다. 아무리 좋은 추천 도서일지라도 학생의 수준과 맞지 않고, 자녀의 흥미와 동떨어진 도서라면 오히려 독이 될 수 있습니다.

셋째, 매일 꾸준히 읽되, 앉은 자리에서 한 권을 다 읽을 필요는 없다는 것을 명심해주세요. 독서에 대한 잘못된 인식 중에 하나가 '책을 선정하거나 펼치면 끝까지 다봐야 한다'입니다. "독서 끝냈어?" "이 책 다 읽어야 해." 이런 문장은 학생들 입장에서 잘못된 인식을 갖게 합니다. '이 책은 즐겁게 읽는 활동이 아니라 처리해야 할 활동이구나.' '이것이 끝나야만 나는 놀 수 있구나.' 이런 생각들이죠. 이런 강박관념으로 인해 책을 펼쳐보지도 못하고 스트레스를 받는 학생들도 있습니다. 자녀들이 이런 생각을 하지 않도록 조금씩만 읽어도 된다, 꼭 다 읽을 필요 없다는 것을 알려주세요.

이 3가지의 마음가짐이 자녀들에게 자연스럽게 전달된다면 기본적으로 독서 활동에 대한 부담은 느끼지 않을 것입니다.

자녀교육에 있어
학부모가 조심해야 하는 3가지 태도

자녀교육에 있어 학부모님이 반드시 조심해야 할 3가지에 대해 알아보겠습니다. 이 3가지를 피하지 않으면, 자녀와 큰 갈등이 생길 수도 있을 만큼 중요합니다. 교사로서 학생들과, 학부모들님과 상담을 하다 몇 가지 안타까운 공통된 부분들을 발견했습니다. 많은 분들에게 해당되리라고 생각해서 정리했으니 꼭 참고하셔서 행복한 자녀교육으로 이어지길 바랍니다.

3위, 학부모의 일방적인 태도입니다. 흔히 답정너('답은 이미 정해져있으니, 넌 대답만 해') 유형입니다.

학부모님들이 상담할 때, 특히 고학년이 되면 될수록 대화를 자주 하지 않는다고 걱정을 하십니다. 이것은 고학년의 특성일까요? 물론, 사춘기가 찾아온 학생들은 반항이 나타나고, 사춘기의 영향이 대화 단절과 완전 관계없는 것은 아닙니다. 그렇지만 같은 또래임에도 불구하고 대화를 끊임없이 하는 관계도 많습니다. 왜 그럴까요?

예와 함께 이유를 알려드리겠습니다. 학부모님들이 자녀 관련 상담을 하게 되면, 이런 질문들을 많이 하십니다. "우리 애가 핸드폰을 너무 많이 해서 못하게 하고 싶은데, 어쩌면 좋을까요?" "학원 보내고 싶은데 괜찮을까요?"

혹시 위와 같은 질문에서 일방적인 태도를 찾으셨나요? '못하게 하고 싶다', '보내고 싶다'라고 학부모님은 이미 생각을 하고 계신 겁니다. 상담 중 이런 질문에 대한 저의 대답은 대부분 비슷합니다. "자녀와 얘기해보셨나요?"

저는 학교에서든 가정에서든 일방적인 관계를 좋아하지 않습니다. 당연히 학생들, 자녀들도 이런 심정이 마음속에 존재합니다. 단지 표현을 직접적으로 하지 않을 뿐, 대화를 피한다든지, 방으로 들어간다든지 간접적으로 드러내고 있는 겁니다. 핸드폰이든 학원이든 자녀와 관련된 결정사항은 항상 일방적인 결정이 아니라 자녀와 함께 대화를 통해서 결정하려고 노력하는 모습을 보여주세요. 결론적으로 최종 선택을 부모님이 하더라도, 자녀의 의견을 충분히 듣고 반영해주세요. 그래야 자녀들도 이를 보고 배우게 됩니다. 앞으로 자녀가 고민이 있거나 어떤 일이 발생하더라도, 부모님께 얘기할 수 있는 좋은 모범이 될 겁니다.

2위, 학부모님의 욕심 또는 대리만족입니다.

혹시 뜨끔하신 분 있으신가요? 학부모님의 소망 또는 학부모님이 못 다 이룬 꿈들을 자녀에게 투영하는 것은 조심하셔야 합니다. 물론 이렇게 반론하는 분이 있으실 겁니다. "아직 우리 자녀가 어려서 무엇을 해야 할지 잘 몰라요. 그래서 길을 알려주는 거예요." 맞습니다. 어디까지가 욕심이고, 어디까지가 가이드인지 기준은 제가 정할 수가 없습니다. 부모님 스스로 가장 정확히 알고 계실 테니까요.

부모님 스스로 2가지 질문에 답해주시면 좋겠습니다.

첫째는 지금 학생들이 다니는 학원들이 자녀가 가고 싶어 했던 곳인가요? 부모님의 선택이었나요?

둘째는 자녀가 지닌 장래희망이 자녀가 결정한 것인가요? 부모님의 입김이 작용했나요?

이렇게 말씀드리는 이유는 제가 학생들과 상담하면서 우려했던 사항들이 나타났습니다. 몇몇 학생들은 저학년부터 자신의 진로가 정해져 있습니다. 예를 들어 이런 학생이 있습니다. "전 의사가 꿈이에

요. 어릴 때부터 변함없이 쭉." 이렇게 확고한 학생들은 다른 진로에
대해서는 크게 관심도 가지지 않습니다. 의사란 꿈을 스스로 지니게
되었다면 물론 그 꿈을 이루기 위해 노력하겠죠. 그러나 이것이 자녀
가 아니라 어릴 시절부터 학부모님으로부터 귀에 못이 박히게 들어,
'나는 의사가 되어야 하는구나.'라고 생각했을지도 모릅니다.

진짜 직업이나 대학을 선택해야 하는 시기가 다가올수록 불안해
집니다. 물론 의사가 되면 아무런 문제가 없겠지만 이렇게 되지 못
했을 경우, 다른 진로에 대해 생각해본 적도 없고, 이 불만을 엉뚱하
게 부모님에게 쏘아붙이는 경우도 봤습니다.

1위, 학부모님이 꼭, 반드시 조심해야 할 1위는 옆집 엄마입니다.

옆집엄마와 대화 자주 나누시죠? 학부모모임이나 카페 등등이 있
을 수도 있고요. 자식 이야기, 자녀교육 이야기는 빠질 수 없는 매력
적인 주제입니다. 게다가 모이는 그룹 중에는 정보통이라 불리는 자
녀교육에 대한 정보를 많이 가진 학부모님이 계실 겁니다. 더 조심
하셔야 되는 분입니다. 정보라는 것이 대단히 중요한 것처럼 보여
꼭 들어야 할 것 같죠? 막상 정보를 들으면 걱정이 시작되고, 걱정
이 들면 불안해지기 시작합니다. '어, 우리 애는 아무것도 안 하는데
다른 애들은 벌써 저런 것을 시작하나?' '나 때문에 괜히 우리 애만
피해 보는 게 아닐까?'라고 고민에 빠지게 됩니다.

자녀는 이런 상황을 아무것도 모릅니다. 이런 상황에서 학부모님들이 가정으로 돌아가면, 자녀에게 새로운 활동을 시키게 되는 사건이 발생합니다. 극단적으로 말씀드렸지만 많은 분들이 일부분 공감하실 거라 생각합니다. 학생들이 굉장히 싫어하는 것 중에 하나가 바로 '비교'입니다. 결국 옆집 엄마들을 만나고 보면 '누구는 하는데, 우리 애는 안 하네.' '다른 애들은 다 잘하는데, 우리 애만 못하네.' 전부 비교의 문장들만 완성됩니다. 자녀에겐 스트레스일 수밖에 없습니다. 물론! 정말 좋은 교육 정보나 자녀육아 정보들을 듣기도 할 겁니다. 이것이 유용해지려면 학부모님께서 스스로 잘 대처하셔야 한다고 말씀드리는 것입니다. 그 정보가 무조건적으로 맞는 것은 아니니, 자녀를 위해 정말 필요한 것인지 아닌지를 고민하신 다음 얘기하시면 어떨까요.

학교생활에 대한 질문은
열린 질문으로

학생들의 학교생활에 대해서 많이 궁금하시죠? 학교생활에 대해서 학부모들이 알 수 있는 방법은 사실 많이 없어요. 학교 가정통신문 이나 담임선생님을 통해서 학교의 전반적인 소식을 들을 수는 있지 만, 교실에서 무슨 일이 있었는지, 친구들 사이에서 무슨 일이 있었 는지는 자녀를 통해서만 정확히 들을 수 있습니다. 결국 학부모님들 께서 질문을 통해 자녀들의 학교생활을 듣고자 할 텐데 질문할 때 참고할 사항입니다.

질문은 대답의 가능성에 따라 2가지 유형으로 나뉩니다. 이를 '닫힌 질문'과 '열린 질문'이라고 표현합니다. 먼저, 닫힌 질문이란 '네 또는 아니오'로 대답할 수 있는 형태를 말합니다.

보통 자주 하시는 닫힌 질문의 예시를 들어보겠습니다.

학부모의 닫힌 질문	학생의 대답
"오늘 학교 재밌었어?"	네 / 아니오
"오늘 선생님 말 잘 들었어?"	네 / 아니오
"급식 안 남기고 다 먹었어?"	네 / 아니오

즉, 단답형으로 끝날 가능성이 많은 질문 형태입니다. 이런 대답을 들은 학부모들은 더 자세히 알기 위해 더 자세히 질문을 하게 됩니다. 그러나 뒤에 이어지는 질문이 계속 닫힌 질문이라면 자녀에게서 원하는 대답을 듣기가 힘들 수밖에 없습니다. 질문 자체가 잘못되었는데, 자녀가 말을 잘 하지 않는다고 답답함을 느끼고 자녀를 혼내는 상황으로 이어지는 경우도 종종 발생합니다.

반대로 열린 질문이란 다양한 방식으로 대답할 수 있는 형태를 말합니다. 즉, '네 / 아니오'가 아닌 자녀가 하고 싶은 말을 자유롭게 꺼낼 수 있는 질문 방식입니다. 위에 닫힌 질문의 예시를 그대로 열린 질문으로 풀어보겠습니다.

학부모의 닫힌 질문	학생의 대답
"오늘 학교에서 무슨 일 있었어?"	오늘 쉬는 시간에 이런 일이 ~
"선생님께서 말씀 중에 어떤 문장이 기억에 남아?"	수업 중에 선생님이 이런 말을 ~
"오늘 급식 무엇무엇 나왔어?" "앗, 그거 싫어하는 건데 어떻게 했어?"	어… 밥이랑 국이랑 김치 나왔는데… 꾹 참고 먹다가… 조금 남겼어요

이런 식으로 열린 질문을 하게 되면, 대답이 문장 형태나 구체적인 사례로 이어질 가능성이 높습니다. 그럼 후속 질문도 자녀가 말한 내용 중에서 궁금하신 부분들을 또 다시 열린 질문으로 진행하는 겁니다.

여기서 닫힌 질문과 열린 질문을 응용하는 팁도 알려드립니다. 독서를 하고 났을 때, 정확히 책을 읽었는지 파악하기 위해 하는 질문, 구체적인 내용을 확인하는 질문을 닫힌 질문이라고 생각하시면 이해가 쉬우실 겁니다. 즉, 답이 정해져 있는 상태인 것이죠. 반대로 책이든 영화든 이후에 자신의 느낌이나 생각 등을 자유롭게 표현할 수 있도록 하는 질문이 열린 질문이라고 생각하시면 됩니다. 평상시 대화를 할 때, 또는 학습 지도를 하실 때 어떤 질문을 하는 것이 효과적일지를 떠올려보고 질문을 하시면 훨씬 소통이 원활하게 이뤄질 거라고 생각합니다.

선생님께 하고 싶은 말이나
불만이 생긴다면

선생님에게 불만이나 건의사항이 생기면 말씀드려야 할까요? 참는 것이 나을까요? 학생, 학부모 입장에서는 조심스러운 부분입니다. 교실에서 함께 지내는 시간이 많아질수록 담임선생님에 대한 의견이 생길 수밖에 없습니다. 또는 과거에 만났던 선생님들을 떠올려주세요. 학생, 학부모 입장에서는 크게 3가지 형태, 나와 성향이 잘 맞는 담임, 성향이 정말 맞지 않는 담임, 그냥 보통 담임선생님 등으로 구분할 수 있을 거예요. 또는 구체적 상황, 예를 들어 성적, 상장, 지도 방법 등에 대해 불만이 생길 수도 있습니다. 이럴 때 어떻게 해야 하지? 괜히 말씀드리다가 우리 애가 찍히면 어쩌나? 등으로 고민하신 분도 많으셨죠? 물론 담임선생님에게 의견을 말씀하신 분도 계실 테지만, 반대로 '그냥 1년만 참지.'라고 버티신 분이 더 많으시리라 예상합니다.

우선, 저의 경험과 주위 동료 교사들의 의견을 말씀드릴게요. 저뿐만 아니라 동료 교사들도 비슷하게 교직생활 중에서 1~2가지 민원만 대략적으로 무슨 일이 있었다 정도만 기억난다고 하였습니다. 정말 교직생활하면서 불만이나 민원 제기가 1~2건밖에 없었을까요? 전혀 그렇지 않습니다. 많게는 하루에 여러 번의 민원을 받으신 선생님도 계시고, 십수년간 몇십, 몇백 건의 민원을 받습니다. 이에 대해 선생님들은 민원 처리는 하지만 하나하나 부정적으로 생각하거나 그 일을 담아두면서 신경 쓰지 않는다는 것입니다.

단, 조건이 있습니다. 민원 사항이 합리적이고, 서로 예의를 지키는 선에서만입니다. 이 조건을 벗어나면, 주위에도 소문이 날 수 있고, 교사의 기억에도 오래 남게 되며 심할 경우, 교사에게도 상처가 되는 것이죠. 반대로 위 사항들만 벗어나지 않는다면 얼마든지 담임선생님께 말씀드려도 된다고 생각합니다.

그렇다면 합당한 이유의 기준은 무엇이고, 예의를 지키며 의견을 말씀드릴 수 있는 방법은 무엇일까요? 선생님들마다 다르실 수 있지만, 일반적인 의견은 다음과 같습니다.

첫째, '학생'의 입장에서 바라봐주시는 겁니다. 예를 들어 자녀 친구 문제가 발생했어요. 학생들끼리 노력해봤지만 제한되는 부분이 많고, 선생님께서 이 부분을 잘 모르시는 것 같다고 생각되시면 당연히 말씀해주셔야죠. 우리 아이가 힘들어하고 있으니까요. 이 부분은 자연스럽게 하실 수 있다고 생각합니다.

그럼 성적이나 상장에 대해 우리 애가 평소보다 낮게 받았다거나 상장을 받지 못했다면 어떻게 해야 할까요? 2가지 모두 담임의 권한이라 여겨서 좀 부담스러울 겁니다. 이럴 때도 기준을 학생으로 정하면 됩니다. 성적이 낮게 나오거나 상장을 못 받는 부분을 학생 스스로 인정한다면 그냥 넘어가시면 됩니다. 반대로 도저히 이해를 할 수 없고 학생이 계속 힘들어한다면 여쭤보는 것이 맞습니다. 여기서 학생은 인정하는데, '나는 인정 못해! 우리 애를 미워해서 그러신 걸 거야!'라는 학부모의 오해나 판단이 들어가면 조건을 벗어나는 거죠.

사실 위와 같이 학생을 기준으로 생각해도 담임선생님께 말씀드리긴 어려울 수도 있습니다. 담임에 대하여 심적으로 부담스러운 부분은 당연하고 어쩔 수 없는 부분입니다. 지금 당장 해결되었으면 하는 불만이나 건의사항은 담임선생님께 직접 방문, 그리고 전화 상담으로 말씀드리는 방법이 있습니다. 그러나 이를 도저히 못하겠다 하시는 분들은 조금 간접적인 방법을 알려드리겠습니다. 또한 첫째 기준(학생)으로 판단하기에 조금 애매한 부분들은 두 번째 방법을 이용해주시면 됩니다. 예를 들어, 교사의 학습지도나 생활 지도 등에 대한 선생님의 교육관에 대한 불만이나, 우리 애를 미워하시나 등의 오해에 대해서는 직접 말씀드리기엔 더 조심스러우실 테니까요.

둘째, 학부모 상담 기간이나 교원개발능력평가를 이용하는 방법 입니다. 학부모 상담은 대부분의 학부모님들이 자연스럽게 상담하 는 기간입니다. 선생님의 기준에 대해 여쭤보셔도 좋고, 아니면 "우 리 애가 학교생활에서 작년에 이런 부분을 어려워했어요."라고 간 접적으로 표현해주시면 됩니다. 교원개발능력평가는 보통 학년말 10~11월쯤 실시하는 학생/학부모 만족도조사라고 보시면 됩니다. 해당 시기가 오면 학교에서도 자세히 안내해드리는데, 이 조사의 가 장 큰 장점은 익명이 보장된다는 겁니다. 몇 가지 항목에 대해 1~5 점으로 표시를 하고, 마지막에 서술형으로 적는 칸이 있습니다. 이 를 통해서 평소 하고 싶었던 말씀이나 하지 못했던 말씀들을 적어주 시면 됩니다. 남은 4개월간 참고하실 수도 있고, 앞으로의 교직생활 에서도 충분히 참고하실 수 있도록 말이죠. 물론 상처 받지 않는 선 에서 표현해주시면 담임선생님도 더 감사하게 받아들일 것입니다.

아마 이렇게 생각하시는 분도 계실 겁니다 "에이, 우리 담임은 안쌤과 달라요." "안쌤은 받아주실지 몰라도, 우리 선생님은 기분나빠하실 수도 있어요." 물론 그럴 수도 있겠지만, 이제 교사들 사이에서도 민원은 당연한 것이고, 점차 서비스직이 되고 있는 것을 받아들이고 있습니다. 그리고 학부모님들이 민원이나 불만을 제기하는 것이 교사를 혼내고 지적하기 위해서라기보다는 학생의 행복한 학교생활을 위해서잖아요. 그 마음이 정확히 전달된다면 이런 걱정들은 전혀 하실 필요 없다고 확실하게 말씀드립니다.

하루를 함께
정리하는 연습

올바른 학습법이나 생활 태도 등을 위해서 앞에서 살펴본 내용들을 학부모님께서 자녀들에게 알려주고 익숙해지도록 신경 써주셔야 하는 부분들입니다. 그러나 어떤 부분을 신경 써야 할지는 결국 '학생'한테서 나옵니다. 먼저, 우리 자녀가 학교생활을 행복하고 즐겁게 보내고 있는지, 행복하지 않은지를 파악해야 합니다. 이후 자녀의 학교생활이 행복하지 않다면, 그 이유를 파악하고 해결할 수 있도록 도와야 합니다.

자녀의 상황은 어떻게 해야 알 수 있을까요? 당연히 자녀를 통해서 알아야 정확한 것이겠죠? 바로 아이의 말에 귀 기울여주시는 방법입니다. 학교를 다녀온 직후 대화를 해도 좋고, 잠들기 전에 이런 시간을 가져도 좋습니다. 이미 많은 분들이 자녀와 많은 소통을 하고 있으시겠지만, 몇 가지 방법을 말씀드립니다.

첫째, 하루를 정리하며 대화하는 시간을 정확히 정해주세요. 자녀도 가능한 시간이고 마찬가지로 학부모님도 여유로운 시간이어야 합니다. 물론 꼭 이 시간이 아니더라도 평상시에 자주 소통하고 대화하는 가정이라면 굳이 이런 시간까지 마련할 필요는 없지만, 그렇지 않은 가정에서는 꼭 의미 있는 시간을 정해주세요. 종종 아이가 무슨 말을 하려고 시도하는 과정에서, 학부모님들이 바쁘시거나 대화에 제대로 집중하지 못하는 상황이 올 수도 있습니다. 자녀 입장에서는 중요한 얘기를 꺼냈는데 돌아오는 대답이 무관심하거나 무신경하다고 느껴지면 앞으로 더욱 조심스럽게 이야기를 꺼내게 됩니다. 모두가 여유롭게 이야기할 수 있는 시간이 정해져 있다면 상처받는 사람이 생기지 않을 것입니다.

둘째, 자녀의 이야기를 최대한 끝까지 들어주세요. 이 시간만큼은 아이의 하루를 듣고, 자녀의 마음을 듣는 시간이니까요. 종종 '얘가 지금 도대체 무슨 말을 하고 싶은 것일까?'라는 의문이 드실 수도 있을 겁니다. 자녀의 이야기 속에는 전달하고자 하는 메시지가 있을 수도 있고, 없을 수도 있습니다. 전자의 경우라면 학부모님께서 정확히 파악해서 기억을 하셔야 하고, 후자의 경우라면 단순히 '대화가 즐겁구나.'라고 생각해주시면 됩니다. 이를 위해서 모든 이야기를 다 듣고 판단하셨으면 좋겠습니다.

셋째, 섣부르게 결론내리지 않으셔야 합니다. 예를 들어, 자녀가 학교에서 친구들 간에 있었던 다툼에 관한 얘기를 꺼내기 시작합니다. 듣는 도중에 학부모님께서 "에이, 그건 네가 잘못했네!" 또는 "그 친구가 잘못했네." 등의 판단을 내리는 순간 대화가 자연스럽게 이어지지 않을 수도 있습니다. 속으로는 그렇게 생각하셔도 자녀가 계속 이야기할 수 있도록 들어주세요. 정말 궁금하시다면 더 자세한 질문으로 물어보면서 자녀가 자신의 생각을 이야기하며 스스로 상황을 되돌아보고, 정리하는 시간을 만들어주세요.

반대로 자녀가 학교생활에 대한 이야기를 하지 않아서 답답하신 학부모님들도 있으시죠? 학생들과 대화를 하다 보면 몇몇 이유들이 있었습니다. '무슨 말을 해야 할지 몰라서', '부모님이 딱히 궁금해하지 않을 것 같아서', '혼날까봐', '그냥' 등이 대표적인 이유들이었습니다. 자녀들과 함께 '귀 기울이는 시간'을 정할 때 부모님의 마음을 표현해주세요. "엄마는 네가 학교에서 어떻게 지내는지 정말 궁금해." "학교생활에서 엄마가 신경 써줘야 하는 부분이 있나 알고 싶어." 등등 부모 입장에서 자녀의 이야기를 듣고 싶다고 표현해주신다면, 아무리 말을 하지 않는 학생이라도 정말 특별한 사건 한두 가지는 이야기하며 변화하게 됩니다. 또한, 부모님 스스로 자신의 하루 일과를 간단하게 이야기하면서 이런저런 이야기를 꺼내다 보면, 아이들도 '아, 목적이 있는 대화보다는 가족 간 일상 공유 정도구나.'라고 마음의 부담을 내려놓고 편안하게 대화에 집중할 수 있습니다.

온라인 학습을 위한
자녀의 시간 및 학습 관리

2020년에는 전국의 초·중·고등학교에 온라인 수업에 필요한 기본 틀이 마련된 해입니다. 단방향 콘텐츠형 수업뿐 아니라 실시간 쌍방향 수업까지 가능해졌습니다. 이를 조금 달리 생각하면, 이제부터는 언제든 온라인수업을 하게 될 가능성이 있습니다. 전염병뿐 아니라 태풍이나 폭설 등의 자연재해가 발생할 경우 이전까지는 휴교를 했다면 앞으로는 온라인수업으로 대체가 되지 않을까 생각합니다. 그만큼 가정에서도 자녀들이 온라인 학습을 위한 시간 관리와 학습 관리에 대해서 염두에 두셨으면 하는 사항들을 정리해보았습니다. 맞벌이 가정이라 자녀의 수업에 신경을 써주실 분이 없어도 걱정할 필요 없습니다. 자녀들의 자기주도학습으로도 충분히 가능한 영역이기 때문입니다.

첫째, '온라인수업도 실제 등교 수업과 같다'고 생각해주세요. 부모님의 인식은 자연스럽게 자녀에게도 전이됩니다. 등교 수업일 때는 아침 7시 30분에 자녀들 깨워서 아침밥까지 먹이고 등교시켰잖아요. 온라인수업 처음 시작할 때도 똑같이 하셨나요? 평소와 동일하게 행동해주시고 등교 시간에 맞춰서 책상에 앉을 수 있도록 해주세요. 당연히 잠옷 차림에서 벗어나 일상복으로 갈아입고 모든 준비를 끝낸 상태로요. 시간표도 동일하게 운영하면 학생들도 헷갈리지 않고 집중할 수 있습니다. 9시에 온라인 수업을 시작하여 학교 쉬는 시간에 맞춰 잠깐 쉬거나 화장실 갔다가 다음 수업 시간에 다시 책상에 앉으면 됩니다. 수업 일과 중에는 자녀들과 외출하거나 학원 등의 다른 일정을 잡는 것은 '학교 수업은 빠져도 되는구나.'라는 인식이 생길 수 있기 때문에 당연히 삼가해야 합니다.

둘째, 자녀가 집에서 혼자 공부에 집중할 수 있는지를 파악해주세요. 그리고 그에 맞게 환경을 바꿔주세요. 예를 들어 조용히 혼자 공부하는 것이 집중이 잘 된다 또는 누군가 지켜보는 느낌이 들면 불편하다 여기에 해당하는 자녀들은 방에서 수업을 들을 수 있도록 해주시면 됩니다. 반대로 방에 있으면 뭔가 산만해진다, 감시는 아니지만 누군가 신경써주는 느낌이 좋다 여기에 해당된다면 방에서 나와 거실이나 부엌에서 공부를 할 수 있는 환경을 마련해주시면 됩니다. 온라인수업은 기본적으로 매체(컴퓨터, 노트북, 태블릿, 폰 등)가 필요하기 때문에 자녀가 선호하는 장소에 기기를 구성해주시면 됩니다.

셋째, 부모님께서 수업 확인 및 숙제 확인을 그날 확인해주세요. 부모님의 꼼꼼함만이 자녀들의 자기주도학습을 완성시킬 수 있습니다. 온라인수업이 하루나 이틀 등 짧은 기간이라면 다음날 학교에서 담임선생님이 확인해주실 수 있습니다. 그러나 장기간 지속되는 경우라면 자녀들 마음은 느슨해질 수밖에 없습니다. 매일 검사하고 지도해주는 교사의 존재가 멀게 느껴지기 때문입니다. 이런 상황이 오면 부득이하지만, 부모님께서 담임교사의 역할을 해주시면 됩니다. 당일 수업시간표에 있는 교과서를 확인하며 빈칸은 없는지, 또는 어려운 내용은 없었는지, 숙제가 있었다면 제대로 완성했는지, 일기나 독서록에 글씨는 정성스럽게 썼는지 등을 직접 확인해주세요. 온라인수업마다 부모님께서 이런 모습을 보여주신다면 자녀들도 자연스럽게 온라인수업도 열심히 집중해서 들어야겠다는 인식이 생깁니다. 더 세부적으로 점검하고 싶으시다면 2장 온라인수업을 대하는 태도(학생편)에 나오는 사항들을 참고해주세요.

아이를 믿고
기다려주세요

지금까지 행복한 학교생활을 위한 생활 태도, 친구 관계, 학습 태도 등을 살펴보았습니다. 이를 뒷받침해주기 위한 올바른 학부모의 태도 또한 중요한 요소였습니다. 그중에서는 학부모님들께서 많이 알고 있는 내용도 있었을 것이고, 새롭게 도움 되는 정보도 있었을 것입니다. 기존에 알고 있었던 내용 중에서도 그대로 실천하지 못하는 부모님들도 계셨을 테죠. 학부모님들도 학생들과 마찬가지로 굳게 마음을 다지고 계획까지 잘 세워도 실천하기가 쉽지 않습니다. 학부모님께서 먼저 변화하고 바뀌는 모습을 보여주신다면, 학생들은 자연스럽게 나아가고 발전할 수 있다고 믿습니다.

그러기 위해서는 정말 학부모님의 마음가짐이 중요합니다. 믿음과 기다려주는 마음입니다.

 먼저 우리 학생들이, 우리 자녀들이 스스로 할 수 있다고 믿어주세요. 생활 태도, 학습 태도 관련해서 다양하게 안내했습니다. 학교에서의 생활 태도, 친구 관계 등은 학부모 눈에는 보이지 않습니다. 오로지 학생들이 교실이라는 공간 안에서 생활하고 있습니다. 학업에서도 마찬가지도 '학생' 스스로 선택하고 계획하고 실천하도록 하는 자기주도학습이 궁극적인 목표였습니다. 그러니 교사나 학부모 등 어른의 간섭 없이도 우리 학생들이 충분히 해낼 수 있다고 믿어주시면 좋겠습니다. 학부모님께서 자녀들 곁에서 든든한 지원군이 되어주셔야 학생들이 더 힘을 내고 기대에 부응할 것이라 생각합니다. 반대로 '우리 애는 혼자 할 수 없어.'라는 마음은 학생 스스로 포기하게 만들 수도 있습니다. 생각이나 인식이라는 것은 자연스럽게 겉으로, 말과 행동으로 드러나기 때문에 학생들이 충분히 느끼게 됩니다. 물론 학생들이 중간중간 다른 길로 새기도 하고, 학부모님의 기대만큼 움직이지 않을 수도 있습니다. 자녀가 힘들어하고 가야 하는 방향을 제대로 찾지 못한다면 학부모님께서 조금씩 지원해주시고, 제대로 가고 있다면 격려와 많은 칭찬을 해주세요.

학생이 스스로 할 수 있다는 믿음을 가져주신다면, 그 다음 과정은 자녀가 성장하기를 기다려주시는 겁니다. 교육의 가장 어려움 중 하나가 바로 효과가 당장 드러나지 않는다는 점입니다. 이 부분을 학부모님께서도 인지해주시면 조급한 마음은 조금 사라질 거라 생각합니다. 꾸준히 말씀드렸지만, 초등 시절부터 습관을 잡고 바른 학습법을 배워가는 과정이라고 했습니다. 결국 이런 효과는 먼 훗날 빛을 보게 될 것입니다. 학생들마다 개인 차이가 있겠지만 초등 시절 나타나는 학생도 있을 것이고, 중학생, 고등학생이 되어서 성과가 드러날 수도 있습니다.

다만 생활 습관도, 학습 태도도 절대 하루아침에 바뀌는 것은 없습니다. 스스로 꾸준히 노력하는 만큼 성장을 기대할 수 있습니다. 3학년 과학에 애벌레가 번데기라는 변태 과정을 거쳐 나비가 되는 관찰 수업이 있습니다. 번데기가 된 상태에서 나비로 부화하는 과정은 무척이나 힘들고 어려운 관문입니다. 그러나 다들 아시죠? 번데기를 뚫고 나오기가 힘들다고 옆에서 누가 건드리는 순간 나비는 그 자리에서 더 이상 힘을 내지 못합니다. 우리 학생들도 꾸준히 나아가고 있는 과정 속에서 각종 잔소리나 꾸중을 듣게 된다면 기운이 빠질 수 있습니다. 언제나 칭찬과 격려가 우선이고, 그 이후에 자연스러운 대화를 통해서 지도나 조언 등을 추가합니다. 저는 학생들이 충분히 해낼 수 있다고 생각합니다. 학급 생활을 하면 짧은 1

년이라는 시간 안에서도 정말 많은 변화와 발전을 이뤄내는 학생들이 있습니다. 초등학교 생활은 6년입니다. 이 6년이라는 시간 안에서 학생, 학부모, 교사 등 학교의 구성원이 서로를 믿어주고 기다려주는 마음가짐을 통해 모두가 성장하길 바랍니다. 저도 제 자리에서 학생들의 행복한 학교생활이 될 수 있도록 꾸준히 노력하겠습니다.

재능, IQ, 환경을 뛰어넘어 상위 1%로 향하는 비밀

초등 완성 습관의 힘

초판 1쇄 인쇄 2021년 1월 4일
초판 1쇄 발행 2021년 1월 11일

지은이 안상현

책임편집 지민경
디자인 Aleph design

펴낸이 최현준·김소영
펴낸곳 빌리버튼
출판등록 제 2016-000166호
주소 서울시 마포구 월드컵로 10길 28, 202호
전화 02-338-9271 | **팩스** 02-338-9272
메일 contents@billybutton.co.kr

ISBN 979-11-91228-40-3 13740

**초등 완성
습관의 힘**